亚马逊跨境电商运营
实操手册

杨舸霈 / 著

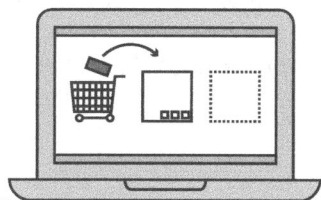

THE CROSS BORDER
E-COMMERCE

电子工业出版社·
Publishing House of Electronics Industry
北京·BEIJING

内 容 简 介

本书旨在帮助新手卖家尽快熟悉亚马逊平台并掌握在亚马逊平台上的运营技巧。本书共 16 章，介绍了开店、选品、上架、发货、站内广告、站外引流等内容，希望让新手卖家学习到有用、核心的在亚马逊平台上运营的知识。

本书适合个人创业者、创业型公司和所有想做或已经在做跨境电商业务的人阅读。

图书在版编目（CIP）数据

亚马逊跨境电商运营实操手册 / 杨舸雳著. —北京：电子工业出版社，2019.10（2025.8 重印）
ISBN 978-7-121-37329-9

Ⅰ. ①亚… Ⅱ. ①杨… Ⅲ. ①电子商务－商业企业管理－美国－手册 Ⅳ. ①F737.124.6-62

中国版本图书馆 CIP 数据核字（2019）第 189530 号

责任编辑：石 悦
印 刷：涿州市般润文化传播有限公司
装 订：涿州市般润文化传播有限公司
出版发行：电子工业出版社
　　　　　北京市海淀区万寿路 173 信箱　　　　　邮编：100036
开 本：720×1000　1/16　印张：12.5　　　字数：210 千字
版 次：2019 年 10 月第 1 版
印 次：2025 年 8 月第 10 次印刷
定 价：59.00 元

凡所购买电子工业出版社图书有缺损问题，请向购买书店调换。若书店售缺，请与本社发行部联系，联系及邮购电话：（010）88254888，88258888。

质量投诉请发邮件至 zlts@phei.com.cn，盗版侵权举报请发邮件至 dbqq@phei.com.cn。

本书咨询联系方式：（010）51260888-819，faq@phei.com.cn。

前　言

2018 年，中国的出口额为 2.48 万亿美元，主要是由大公司、大集团贡献的。企业越大，出口量越大，美国对中国的贸易战对它们的影响越大。但是在亚马逊平台上售卖产品的中小卖家却不会过分担心，因为他们选择的运输公司大多数都会包税和包清关，关税负担不会加重很多，甚至不会增加。

制造业是强国根本，解决了很多人的就业问题，支撑着地区经济，也是我们和外部交流的纽带。跨境电商做的就是制造业的生意。

以前的外贸是中国工厂把货物销售给国外的分销商，分销商再卖给零售商，零售商最终卖给消费者。跨境电商是中国工厂通过亚马逊平台直接把货物卖给消费者，中间减少了销售层级，增加了工厂的利润，也让顾客得到了实惠。

跨境电商的起步成本不高，你只要学习能力强，前期也许投入不到 2 万元，在家里就可以做运营。所以，"小白"可以做，在读大学生可以做，全职妈妈也可以做，你应该很难找到这样超值的创业机会了。

你可以不断地投入，实现从开发产品到售卖产品的流程化、数据化，并搭建竞争壁垒，可以用从亚马逊平台赚取来的现金不断支撑自己的海外商城自建站，还可以专心设计和生产优质产品，最终实现在线上和线下全部通道的销售。就像大卖家 ANKER 一样，它的充电宝等电子类产品已经在百思买、沃尔玛等大型线下连锁卖场销售。当然，跨境电商运营也有风险。比如，你在亚马逊平台上运营了一年，公司已经有了六七个人，然后由于操作失误，账号突然被亚马逊平台关闭，你就要被迫裁员，清理库存。我相信你会正视每个行业存在的机会和风险。

我希望能够说服你阅读本书，它提供的是一个很全的亚马逊跨境电商运营的实用指南，内容涉及在哪里开店、应该如何从海外收款、使用什么网上工具、如何优化日常的运营工作。请记住，从设计、质量到价格都优质的产品是最重要的，因为到了最后，跨境电商运营拼的是品牌。

我要特别感谢我的同事梁文惠、陈嘉炜、万瑛，他们三位承担了本书很多的内训资料收集、整理和撰写工作。

我相信每位阅读完本书的人都会获得很多有用的信息，会对在亚马逊平台上运营有更深的了解和认识，本书会对在亚马逊平台的销量提升有所帮助。由于时间和水平有限，难免存在不足之处，请广大读者批评指正。

希望各位大卖。

杨舸霱

2019 年 6 月

读者服务

轻松注册成为博文视点社区用户（www.broadview.com.cn），扫码直达本书页面。

- 提交勘误：您对书中内容的修改意见可在 提交勘误 处提交，若被采纳，将获赠博文视点社区积分（在您购买电子书时，积分可用来抵扣相应金额）。

- 交流互动：在页面下方 读者评论 处留下您的疑问或观点，与我们和其他读者一同学习交流。

页面入口：*http://www.broadview.com.cn/37329*

目　　录

第 1 章　在哪里开店 ……………………………………………… 1

　1.1　开店前的准备 ………………………………………………… 1

　　1.1.1　开店的费用 ……………………………………………… 1

　　1.1.2　注册账号所需的材料 …………………………………… 2

　1.2　开店 …………………………………………………………… 3

　　1.2.1　自注册和全球开店注册 ………………………………… 3

　　1.2.2　在美国站、欧洲站、日本站、印度站开店的要求 …… 4

　1.3　在欧洲站开店的注意事项 …………………………………… 6

　　1.3.1　选择账号所属的注册公司 ……………………………… 7

　　1.3.2　KYC 审核 ………………………………………………… 8

　　1.3.3　VAT ………………………………………………………… 9

第 2 章　产品开发和供应商筛选 ………………………………… 10

　2.1　产品为王，请学会产品开发 ………………………………… 11

　　2.1.1　如何选对类目 …………………………………………… 11

　　2.1.2　如何选择合适的产品 …………………………………… 12

　　2.1.3　季节性产品、节假日产品、常年性产品 ……………… 17

　　2.1.4　产品的大小 ……………………………………………… 17

　　2.1.5　产品的利润 ……………………………………………… 18

　2.2　找准合适的货源 ……………………………………………… 18

　　2.2.1　找准适合公司定位的产品 ……………………………… 18

　　2.2.2　找准合适的供应商 ……………………………………… 19

第 3 章　如何做好 Listing 的基础建设（一）：标题！标题！标题！ ⋯⋯⋯⋯ 21

3.1　标题的两个要素 ⋯⋯⋯⋯⋯⋯⋯⋯⋯⋯⋯⋯⋯⋯⋯⋯⋯⋯⋯ 21

　　3.1.1　标题的可读性 ⋯⋯⋯⋯⋯⋯⋯⋯⋯⋯⋯⋯⋯⋯⋯⋯⋯⋯ 22

　　3.1.2　标题的可搜索性 ⋯⋯⋯⋯⋯⋯⋯⋯⋯⋯⋯⋯⋯⋯⋯⋯⋯ 22

3.2　标题的要求与制定 ⋯⋯⋯⋯⋯⋯⋯⋯⋯⋯⋯⋯⋯⋯⋯⋯⋯⋯ 23

　　3.2.1　官方对标题的要求 ⋯⋯⋯⋯⋯⋯⋯⋯⋯⋯⋯⋯⋯⋯⋯⋯ 23

　　3.2.2　亚马逊部分卖家的产品标题情况 ⋯⋯⋯⋯⋯⋯⋯⋯⋯⋯ 24

　　3.2.3　标题打造的方法 ⋯⋯⋯⋯⋯⋯⋯⋯⋯⋯⋯⋯⋯⋯⋯⋯⋯ 26

3.3　标题中的关键词来源 ⋯⋯⋯⋯⋯⋯⋯⋯⋯⋯⋯⋯⋯⋯⋯⋯⋯ 27

第 4 章　如何做好 Listing 的基础建设（二）：你只有九张图片表达自己 ⋯⋯ 30

4.1　与产品相关的图片的来源 ⋯⋯⋯⋯⋯⋯⋯⋯⋯⋯⋯⋯⋯⋯⋯⋯ 30

4.2　是用七张图还是用九张图 ⋯⋯⋯⋯⋯⋯⋯⋯⋯⋯⋯⋯⋯⋯⋯⋯ 31

4.3　亚马逊官方对图片的要求 ⋯⋯⋯⋯⋯⋯⋯⋯⋯⋯⋯⋯⋯⋯⋯⋯ 33

4.4　如何做好九张图片 ⋯⋯⋯⋯⋯⋯⋯⋯⋯⋯⋯⋯⋯⋯⋯⋯⋯⋯ 34

　　4.4.1　图文并茂—突出产品的卖点 ⋯⋯⋯⋯⋯⋯⋯⋯⋯⋯⋯⋯ 35

　　4.4.2　图文并茂—突出买家关注的产品通有缺陷 ⋯⋯⋯⋯⋯⋯ 36

　　4.4.3　图文并茂—突出产品的属性、尺寸等 ⋯⋯⋯⋯⋯⋯⋯⋯ 36

　　4.4.4　图文并茂—各项认证和证书 ⋯⋯⋯⋯⋯⋯⋯⋯⋯⋯⋯⋯ 38

4.5　如何防止图片被盗用 ⋯⋯⋯⋯⋯⋯⋯⋯⋯⋯⋯⋯⋯⋯⋯⋯⋯ 39

第 5 章　如何做好 Listing 的基础建设（三）：Bullet Point 和关键词设置 ⋯⋯ 41

5.1　如何写好 Bullet Point ⋯⋯⋯⋯⋯⋯⋯⋯⋯⋯⋯⋯⋯⋯⋯⋯⋯ 43

　　5.1.1　怎样才算好的 Bullet Point ⋯⋯⋯⋯⋯⋯⋯⋯⋯⋯⋯⋯ 44

　　5.1.2　如何提炼出好的 Bullet Point ⋯⋯⋯⋯⋯⋯⋯⋯⋯⋯⋯ 46

5.2　如何写好产品长描述（description）⋯⋯⋯⋯⋯⋯⋯⋯⋯⋯⋯ 50

5.3　图文版产品详情页面 ⋯⋯⋯⋯⋯⋯⋯⋯⋯⋯⋯⋯⋯⋯⋯⋯⋯ 52

5.4　Search Terms 填写 ⋯⋯⋯⋯⋯⋯⋯⋯⋯⋯⋯⋯⋯⋯⋯⋯⋯⋯ 56

　　5.4.1　如何填写 Search Terms 里的关键词 ⋯⋯⋯⋯⋯⋯⋯⋯ 56

　　5.4.2　设置了 Search Terms 却找不到产品的原因 ⋯⋯⋯⋯⋯ 58

第 6 章　请用 50% 的时间优化站内广告 ⋯⋯⋯⋯⋯⋯⋯⋯⋯⋯⋯⋯⋯ 59

6.1　亚马逊站内广告为何如此重要 ⋯⋯⋯⋯⋯⋯⋯⋯⋯⋯⋯⋯⋯⋯ 59

6.2　亚马逊站内广告的分类 ⋯⋯⋯⋯⋯⋯⋯⋯⋯⋯⋯⋯⋯⋯⋯⋯ 60

6.3　亚马逊站内广告—付费广告 ························· 61
  6.3.1　广告术语 ···································· 64
  6.3.2　亚马逊付费广告剖析 ························ 66
  6.3.3　如何做广告 ································ 69
  6.3.4　如何优化广告 ······························ 76
6.4　亚马逊站内广告——标题搜索广告 ··················· 80
6.5　亚马逊站内广告——产品展示广告 ··················· 83

第 7 章　亚马逊站外引流（一）：Deal（秒杀）网站如此有用 ········· 85
7.1　Deal 网站的选择 ································· 87
7.2　Deal 网站介绍 ·································· 89
7.3　做 Deal 活动的步骤 ······························ 99

第 8 章　亚马逊站外引流（二）：网络红人推广竟然可以如此有效 ········· 104
8.1　网络红人营销的投入产出比 ······················· 105
8.2　网络红人营销的平台 ··························· 106
  8.2.1　Instagram ·································· 106
  8.2.2　YouTube ·································· 109
  8.2.3　Tomoson ·································· 110
8.3　网络红人的参与方式 ··························· 110

第 9 章　亚马逊站外引流（三）：Facebook 广告惊人的高性价比 ········· 112
9.1　Facebook 广告与 Google 广告对比 ··················· 112
9.2　完善你的 Facebook 账号信息 ······················ 113
  9.2.1　完善你的 Facebook 粉丝主页 ··················· 114
  9.2.2　为你的 Facebook 账号创作内容 ··················· 114
9.3　Facebook 广告介绍 ······························ 115
  9.3.1　怎么做好一个 Facebook 广告 ··················· 116
  9.3.2　如何追踪你的 Facebook 广告是否有效 ··············· 116

第 10 章　管理亚马逊库存 ····························· 118
10.1　FBA 入库的操作步骤 ··························· 118
10.2　仓储费用 ···································· 127
10.3　库存绩效指标介绍 ····························· 128
10.4　如何提高库存周转率 ··························· 130

　　　10.4.1　精准入 FBA 仓库 ·· 131

　　　10.4.2　灵活运用 coupon 促销 ·· 136

第 11 章　亚马逊的产品 Review ·· 141

第 12 章　海外收款 ·· 151

第 13 章　数据工具，让工作更有效率 ································· 153

13.1　运营工具 ··· 153

13.2　ERP 工具 ·· 155

13.3　物流类工具 ·· 156

13.4　办公协同工具 ··· 158

第 14 章　请重视并保护好品牌 ··· 160

14.1　为什么要申请品牌 ··· 160

14.2　亚马逊品牌保护的方式 ·· 160

　　　14.2.1　Brand registry ··· 161

　　　14.2.2　Transparency ·· 167

　　　14.2.3　Brand gating ··· 170

第 15 章　数个卖家和官方高管的访谈 ··································· 171

15.1　吕毅访谈 ··· 171

15.2　金忠平（Peter）访谈 ··· 174

15.3　邓聚（Michael）访谈 ·· 177

15.4　亚马逊物流经理访谈 ··· 180

第 16 章　账号安全的注意事项及申诉方法 ···························· 181

16.1　账号安全的注意事项 ··· 181

16.2　A-to-z ··· 183

16.3　各类申诉 ··· 184

　　　16.3.1　对自发货物流绩效不达标的申诉 ······························· 184

　　　16.3.2　对 Safety Incident 的申诉 ······································· 187

　　　16.3.3　对侵权的申诉 ··· 190

第1章

在哪里开店

1.1 开店前的准备

1.1.1 开店的费用

（以下将"在亚马逊平台上运营的店铺"简称为"亚马逊店铺"，将"亚马逊平台"简称为"亚马逊"。）

开一家亚马逊店铺需要投入多少资金？运营一家亚马逊店铺需要多少成本？这些都是每个卖家在入驻亚马逊之前就应该了解清楚的事情。我们可以把开店的投入分为两个部分：开店的基础费用和运营的基础费用。

1. 开店的基础费用

1）注册账号的费用

注册账号的途径有两种，一种是自己在网上注册，另一种是通过招商经理注册。这两种注册途径均不需要花费任何费用。你如果遇到有人收取费用帮你申请亚马逊账号，那么要提高警惕，一定要找到靠谱的开店渠道。

2）月租费用和销售佣金

亚马逊的账号类型分为两种：专业销售计划账号和个人销售计划账号，两者在订阅费和销售费用方面有所不同，我们可以根据个人或公司的情况选择。

（1）专业销售计划账号：需要缴纳 39.99 美元/月的租金+销售佣金+FBA 费用

（如果加入 FBA）。

（2）个人销售计划账号：不需要缴纳月租金，每销售一件产品需要缴纳 0.99 美元的费用+销售佣金+FBA 费用（如果加入 FBA）。这个计划比较适合每月销售产品数量少于 40 件产品的卖家。

2. 运营的基础费用

（1）货物成本。

（2）上刊费用，即上刊所需要的 UPC（Universal Product Code，通用产品条码）费用。

（3）产品头程费用，即货物从中国发往国外所产生的运费。

（4）PPC 站内推广费用。PPC 的花费与产品的竞争激烈程度相关，所以不能给出一个具体的数字。

（5）FBA 费用（FBA 物流配送费用+月仓储费用）。具体的收费标准可以在亚马逊官方网站中查到。

（6）商标注册和品牌备案费用。这两种费用不是必需的，但是品牌备案可以让卖家免受被跟卖的烦恼。商标注册需要与亚马逊销售站点相对应，比如，你在亚马逊美国站上销售，就需要在美国注册商标。

（7）欧洲站的 VAT（增值税）。

（8）电脑、路由器、网络、打印机等的费用。

（9）公司注册费用。在中国和美国注册公司的费用为 2000~4800 元。

（10）产品图片的拍摄、设计费用。

1.1.2　注册账号所需的材料

1. 自注册账号所需的材料

（1）没有登录过亚马逊账号的电脑和网络。

（2）邮箱。

（3）办公地址。

（4）电话。

（5）VISA 或 Mastercard 信用卡（信用卡需要是激活状态的且可以汇入美元）。

2. 注册全球开店账号所需的材料

（1）VISA 或 Mastercard 信用卡（信用卡需要是激活状态的且可以汇入美元）。

（2）公司营业执照扫描件。

（3）卖家信息表。

（4）产品信息表。

（5）没有登录过亚马逊账号的电脑和网络。

注意：以公司名义申请亚马逊账号可能会触发二审，二审需要提交营业执照和与营业执照地址一致的水费账单、电费账单，以此证明公司有真实的办公地点。

1.2　开店

上文已经剖析了在亚马逊开店的资金准备，下面介绍开店的渠道和在各个站点开店的要求。

1.2.1　自注册和全球开店注册

1. 自注册

门槛：门槛较低，直接登录亚马逊网站，按照步骤注册即可。

优势：

个人就可以注册。

劣势：

（1）账号的安全性低。

（2）没有招商经理扶持，无法报名 Best Deal（秒杀）、Deal of the Day（日秒杀）等秒杀活动。

（3）普通卖家在注册账号后无亚马逊官方相关培训的支持。

2. 全球开店注册

门槛：必须以公司的名义注册（只能用中国公司注册，用美国公司注册不受理），由招商经理提供链接注册（需要找对应站点的招商经理）。

优势：

（1）账号的安全性高，有对应的招商经理扶持。

（2）有官方的培训支持。

（3）有一个自然年周期的扶持（即从注册日到当年12月31日为一个自然年）。

劣势：

注册周期较长，审核相对较严格，可能会触发二审（二审需要提供公司的水费账单和电费账单，这对于挂靠地址的卖家是一个难题）。

注意：

（1）由于亚马逊政策的收紧，现在申请亚马逊账号必然会触发二审，那么我们需要提供与营业执照一致的费用账单（如水费账单、电费账单、网络费账单）。

（2）欧洲站和日本站对注册的资质要求较高，我们建议卖家通过全球开店注册。

对于有条件的卖家，我们建议通过绿色通道注册，即通过全球开店注册去注册账号。这样不仅安全性有保障，而且招商经理的扶持是每个亚马逊卖家都需要的。

1.2.2　在美国站、欧洲站、日本站、印度站开店的要求

1. 在美国站开店的要求

1）注册所需的资料

（1）公司资质：法人的身份证、营业执照。

（2）收款账号。

（3）付款账号：信用卡，P卡也可以。

（4）账号审核所需的文件/账单：公司的水费账单和电费账单、法人的付款信用卡流水。

（5）两张电话卡：用于两步验证，旨在提高账号的安全性。

2）上线前的准备

（1）确定SKU和货品的货期。

（2）确定图片、Bullet Point（五行描述）、Description（长描述）等基本信息。

（3）确定产品是否需要类目审核，如果需要类目审核，就要准备一系列的发票。

（4）确定品牌商标是否可以申请。

2. 在欧洲站开店的要求

1）注册所需的资料

（1）公司资质：法人的身份证、营业执照（注意：最好用美国公司注册欧洲站的账号）。

（2）收款账号。

（3）付款账号：信用卡，P 卡也可以。

（4）账号审核所需的文件/账单：公司的水费账单和电费账单、法人的付款信用卡流水。

（5）两张电话卡：用于二次验证。

（6）VAT 税号申请：对于欧洲五个国家，要各自申请对应的 VAT 税号。其中，德国的 VAT 税号最难申请，且一年要申报 13 次税。

2）上线前的准备

与在美国站开店的上线前的准备相同。

3. 在日本站开店的要求

开店要求和美国站的大体相同，可参考在美国站开店的要求。

4. 在印度站开店的要求

1）注册所需资料

（1）公司资质：法人的身份证、营业执照。

（2）收款账号。

（3）付款账号：信用卡，P 卡也可以。

（4）KYC 资料：法人的身份证复印件，公司的营业执照复印件，税务声明（需填写公司的注册地址和税号）。

（5）电话卡：用于二次验证，印度站用 Authenticator App 进行二次验证比用手机短信更靠谱，如图 1-1 所示。

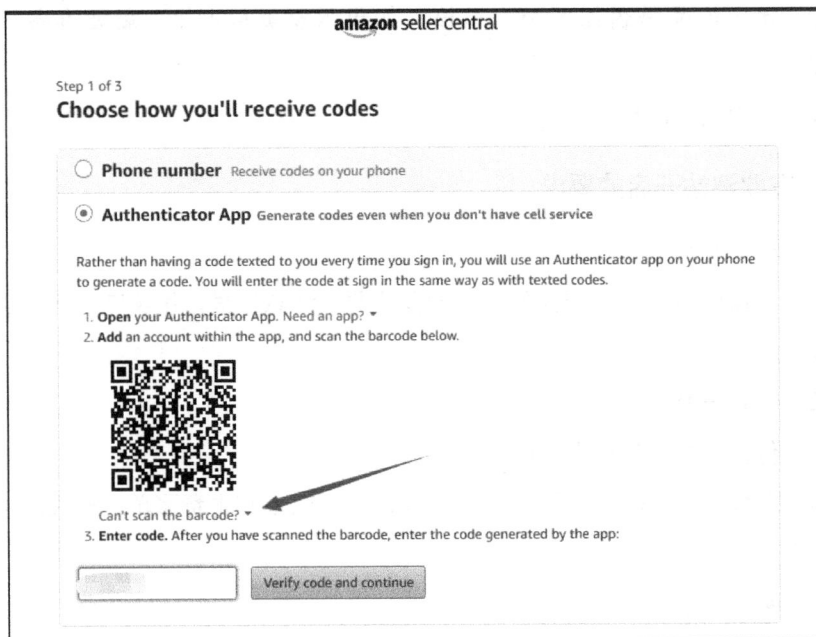

图 1-1

注意：在印度站开店如果要使用 FBA（Fulfillment by Amazon，亚马逊配送），那么必须在当地开公司或者找第三方代理公司，而找第三方代理公司会涉及款项汇出的问题。因为亚马逊会把每次的款项都先打给第三方代理公司，再由第三方代理公司转给你，所以这就会涉及款项的安全问题，你要仔细考虑。

2）上线前的准备

与在美国站开店的上线前的准备相同。

1.3　在欧洲站开店的注意事项

亚马逊已经在欧洲五个国家建立了销售联系。当你注册亚马逊欧洲站的账号时，亚马逊默认并允许你可以在英国站、德国站、法国站、西班牙站和意大利站销售。欧洲站有一个特殊的 FBA 计划，叫"FBA Pan-European Fulfillment"（泛欧计划）。通过泛欧计划，你可以把库存发送到指定国家中的一个配送中心，亚马逊再根据需求分配到需求最大的区域。

亚马逊的泛欧计划的确很棒，但是也存在缺点，下面我们介绍一下泛欧计划的优点和缺点。

1. 优点

（1）FBA 费用低于第三方物流费用。

（2）可以接触到数百万个 Prime 用户。

（3）交付时间更短。

（4）可以有效地控制库存。

2. 缺点

1）不同国家的 FBA 费用和佣金不一样

在泛欧计划中，假设一个标准产品（500g，非媒体产品）在欧洲五国进行销售，你可以把产品的库存放在英国的 FBA 仓库，其他四国的订单可以直接从英国发货，仅需支付 EFN（欧洲统一配送）费用。如果使用泛欧计划，那么你可以节省高达约 38% 的费用，具体情况如表 1-1 所示。

表 1-1

1000g 标准包裹的配送费	亚马逊德国站	亚马逊法国站	亚马逊意大利站	亚马逊西班牙站
EFN 费用/欧元	3.66	3.66	3.66	3.66
泛欧计划统一配送费用/欧元	2.41	2.74	3.18	2.28
使用泛欧计划所节省的费用/欧元	1.25	0.92	0.48	1.38

2）在每个国家都需要申请 VAT（增值税）税号

在每个国家申请 VAT 税号的成本不一样，每个国家对 VAT 申报的周期也不一样，你要先考虑好，再开通泛欧计划。如果你在考虑后觉得成本太高，那么可以在后台取消泛欧计划。

1.3.1　选择账号所属的注册公司

如果你想用公司注册亚马逊账号，那么成立公司是必不可少的。在欧洲站销售，你应该选择注册中国公司还是美国公司呢？

1. 美国公司

1）优点

（1）注册的流程简单。

（2）稳定性相对高。

2）缺点

（1）收款账号需要在美国开户，因收款账号是美元专户，你需要先把美元汇款到中国银行账户，中国银行账户再进行外汇结算才可以转成人民币，且根据银行的不同，每年有限额。

（2）每年都需要做财务审计，需要聘请当地的会计师。

（3）全球开店的招商经理没有权限申请开通账号。

（4）美国公司只能注册美国站账号。

2. 中国公司

1）优点

（1）税务相对简单。

（2）可以得到全球开店的招商经理扶持。

2）缺点

（1）触发二审的概率较大。

（2）封店率比美国公司要高。

综上所述，我们建议用中国公司开通欧洲站账号。

1.3.2　KYC 审核

KYC（Know Your Customer，充分了解你的客户），简单来说就是亚马逊对欧洲站卖家的身份审核。卖家的账号只有在亚马逊欧洲团队审核通过后，才可以在欧洲站销售产品。KYC 审核会在店铺完成 15 000 美元销售金额之后进入审核阶段，并且会通过站内信方式通知卖家自行进行审核申请，用于审核的所有账单都必须是真实的，不能伪造。

如果因为 KYC 审核不通过而被取消销售权限，那么卖家可以进行申诉，如果申诉没有通过，那么账号里的款项可能取不出来。所以，在进行 KYC 审核时，卖家一定要注意提供的所有资料的完整性和准确性。

KYC 审核所需要提交的资料如下：

（1）公司营业执照的扫描件，你如果是个人卖家那么可以忽略。

（2）公司首要联系人及受益人。

（3）公司账单，包括银行账单、水费账单、电费账单、网络费用账单等，但需要 90 天内的账单。

（4）法人账单，包括银行账单、水费账单、电费账单、网络费用账单等，但需要 90 天内的账单。

1.3.3　VAT

但凡在欧洲站销售产品，每个卖家都需要申请 VAT 税号。很多卖家因为没有申请 VAT 税号，而被亚马逊直接封店。随着欧盟对税收的要求越来越严格，你如果想进入欧洲五国进行销售（特别是英国和德国），那么在开店前要申请好 VAT 税号，以免被封店。你可以自行查阅各国 VAT 的起征点，为自己的 VAT 税号申请做好准备。

第 2 章

2

产品开发和供应商筛选

在注册好账号后，下一步就要确定销售的产品了。很多亚马逊运营初学者，甚至经验丰富的卖家都难以在这个庞大的市场中找到适合的销售产品。本章主要帮助你学习产品开发和供应商的筛选。但是在开始之前，我们要先熟悉亚马逊的政策，了解哪些产品在亚马逊上销售受限制、哪些产品类目需要向亚马逊申请。

受限制的产品有含酒精的饮品、膳食补充剂、未注册的婴儿配方奶粉等食品与材料、冷藏食品、动物及与动物相关的产品、彩票、艺术品、珠宝和珍贵宝石、家居装饰、人体部位、汽配产品、化妆品、皮肤和头发护理产品、货币、现金等价物和礼品卡、盗窃装置、医疗器械及其配件、毒品和毒品用具、干扰器等电子类产品、监视设备、有机产品、植物和种子、爆炸物、武器、农药及其装置、容易爆破的危险物品、邮票、召回的产品、成人用品、烟草和与烟草相关的产品。

以上是在亚马逊上销售受限制的产品，你可以到亚马逊后台查看自己销售的产品是否受限制。

需要向亚马逊申请的类目如下：①玩具。②手表。③视频、DVD 和蓝光光盘。④纪念币。⑤播放器。

2.1　产品为王，请学会产品开发

亚马逊每年的销售额都在不断地增长，已经吸引了世界各地的卖家和买家。并非所有卖家都能在亚马逊上取得成功，一个好的产品是你能在亚马逊上取得成功的入场券。很多卖家都会因为选品耗时长、缺乏选品经验而忽略选品的重要性。下面我们就来介绍选品的经验和原则，帮助你快速地掌握亚马逊选品的方法。

2.1.1　如何选对类目

产品和类目的关联性越高，搜索排名也越高。你可以在亚马逊前台输入产品的主关键词，从而确定产品的类目。

假设产品为"Garden Hose"（园林水管），你打开亚马逊美国站的主页（www.amazon.com），在搜索框中输入"Garden Hose"，搜索结果左侧栏中的"1-48 of over 20,000 results for "garden hose""下面则是该产品所在的类目，越靠前的类目与产品的相关性越高，如图 2-1 所示。

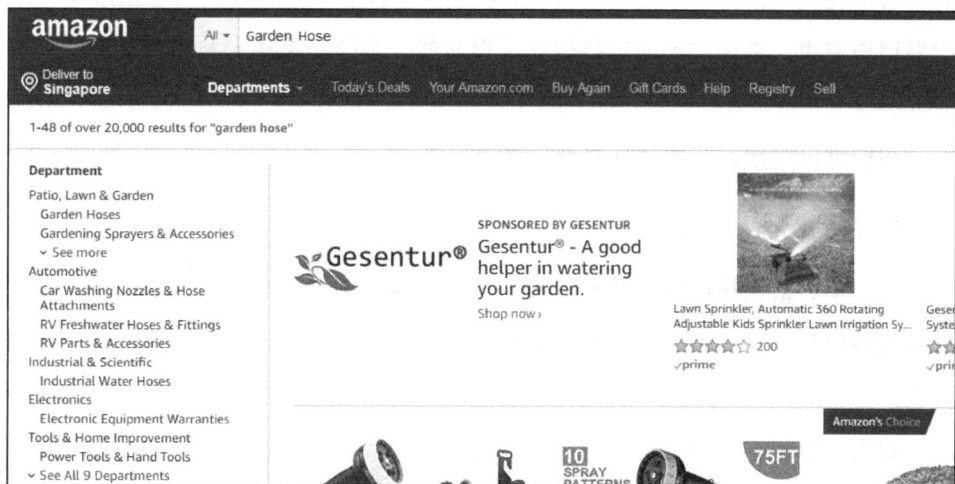

图 2-1

从图 2-1 中可以了解，该产品最适合的类目依次是"Patio, Lawn & Garden"（庭院、草坪和园艺）、"Automotive"（汽车用品）、"Electronics"（电子）等 9 个类目。如果你还想查看剩下的类目是什么，那么可以单击"See All 9 Departments"（查看所有的 9 个类目）。你可以确定"Garden Hose"这个产品最适合的类目是"Patio, Lawn & Garden"。

另外，在选择类目时你还需要看产品是否具备品牌集中度，你可以看搜索出来的产品是否属于同一个品牌。如果显示出来的产品都属于同一个品牌，这时你就要小心了！你要查一下这个产品是否有专利。

2.1.2　如何选择合适的产品

曾经有卖家问我为什么产品在亚马逊上卖不出去。经询问我了解到，该卖家的朋友有一个生产茶具的工厂，所以他把朋友的产品直接放在亚马逊上销售。殊不知，这个卖家已经犯了选品的大忌：没有对产品做目标市场调研，朋友有什么产品，他就直接放到亚马逊上销售。当然，在中国使用茶具的人是占有一定比例的。可是在美国，会有人使用茶具吗？我们应该从目的地市场的买家角度考虑，把握用户需求，考虑买家的选择偏好。很显然，美国买家基本上没有采购茶具的需求。

我们可以采用以下方法选择合适的产品。

1. 找到已有市场的产品

最简单、最快捷的方式是查看不同类目里的畅销列表，通过这个列表你可以看到在特定时间里卖得比较好的前 100 个产品。图 2-2 是亚马逊不同类目的畅销列表。

我们可以根据大类目再细分到二级类目、三级类目等找到适合自己的产品。如图 2-3 所示，"Electronics"是一级大类目，二级类目是"Computers & Accessories"（电脑及配件）。每一个细分类目的"BSR"（Best Seller Rank，畅销排名）均会不同，我们可以根据自己的需求展开更细的类目搜索产品。

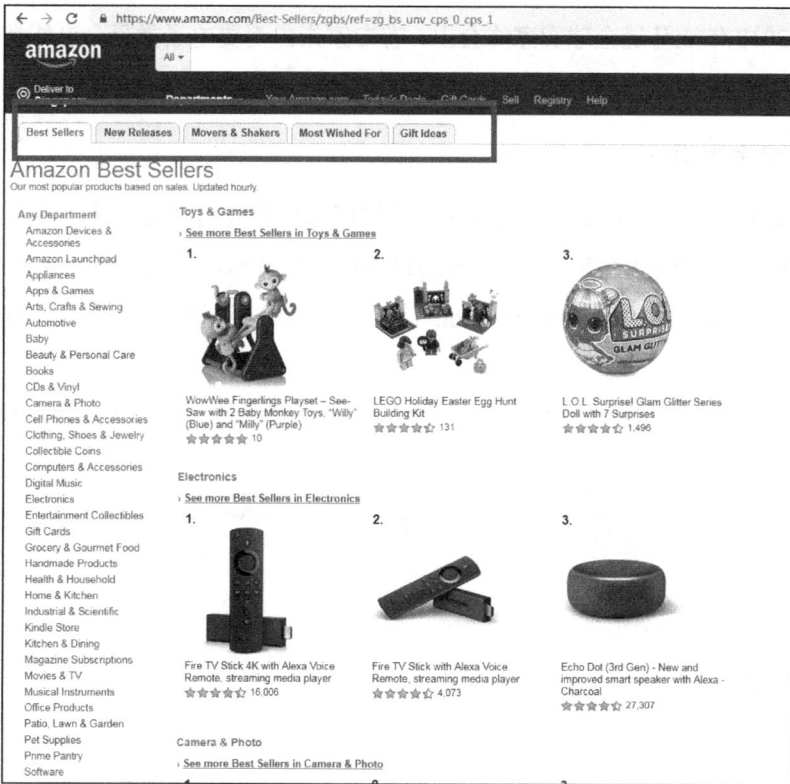

图 2-2

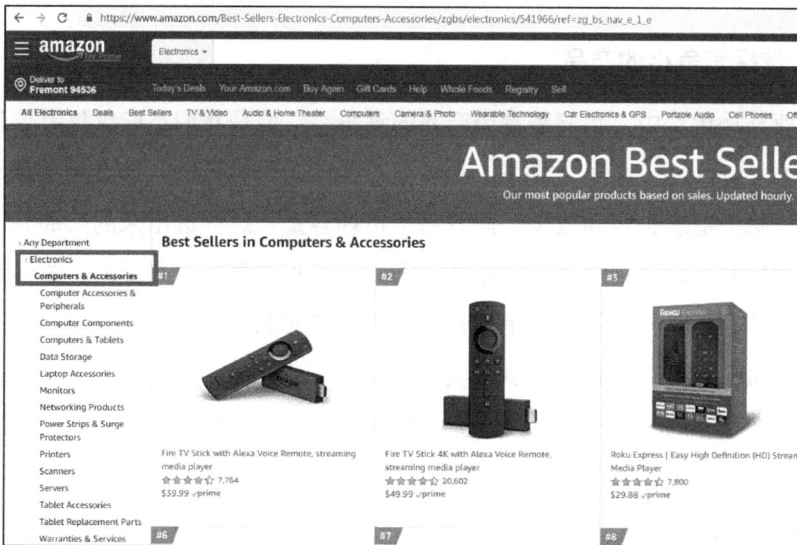

图 2-3

在 2018 年亚马逊全球卖家峰会上，有专家指出消费电子类目、户外类目、宠物类目和服装类目将是重点类目。我们可以多在这几个类目中找产品。

2. 参考大卖家

大卖家的产品肯定做过市场调研，我们可以找到大卖家的店铺，参考大卖家最近上架了哪些新的产品。产品上刊的日期可以在"Product description"（产品长描述）的"Date first listed on Amazon"（首次在亚马逊刊登的日期）中查看，如图 2-4 所示。

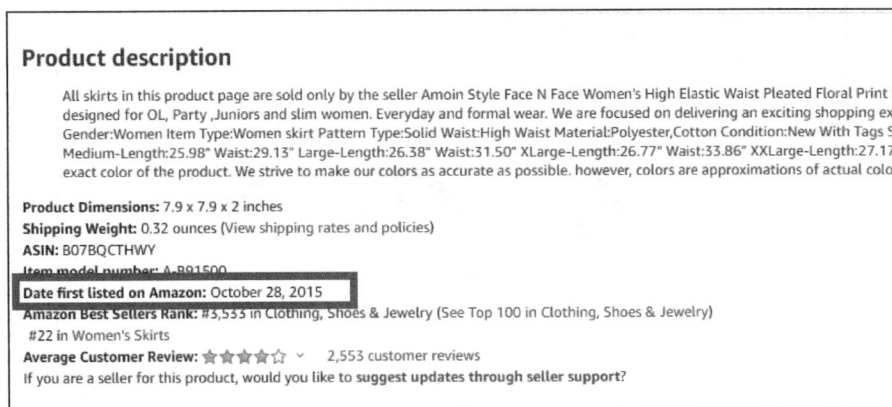

Product description

All skirts in this product page are sold only by the seller Amoin Style Face N Face Women's High Elastic Waist Pleated Floral Print designed for OL, Party ,Juniors and slim women. Everyday and formal wear. We are focused on delivering an exciting shopping ex Gender:Women Item Type:Women skirt Pattern Type:Solid Waist:High Waist Material:Polyester,Cotton Condition:New With Tags S Medium-Length:25.98" Waist:29.13" Large-Length:26.38" Waist:31.50" XLarge-Length:26.77" Waist:33.86" XXLarge-Length:27.17 exact color of the product. We strive to make our colors as accurate as possible. however, colors are approximations of actual colo

Product Dimensions: 7.9 x 7.9 x 2 inches
Shipping Weight: 0.32 ounces (View shipping rates and policies)
ASIN: B07BQCTHWY
Item model number: A-B91500
Date first listed on Amazon: October 28, 2015
Amazon Best Sellers Rank: #3,533 in Clothing, Shoes & Jewelry (See Top 100 in Clothing, Shoes & Jewelry)
#22 in Women's Skirts
Average Customer Review: ★★★☆☆ ∨ 2,553 customer reviews
If you are a seller for this product, would you like to **suggest updates through seller support**?

图 2-4

3. 选择竞争小的产品

在亚马逊运营中，我们都希望产品的竞争小，但是我们不能仅仅看该产品在平台上的"Listing"（刊）的数量，更要看产品的市场容量——该产品的需求。我们不能一味地追求销售刊数少，而忽略了市场容量，这样选出来的产品并不会为我们带来销量，还会增加我们的库存压力。竞争小主要从两点反映。第一点是亚马逊的销售刊数。在亚马逊中销售刊数越少，证明竞争越小。第二点是产品评论的平均数量。产品评论数量越少，我们在推出产品时越有优势。

注意：这两点都有一个前提——市场容量。如果市场容量小，产品需求不高，那么亚马逊的销售刊数再少也没有意义。

4. 选择市场份额较大的产品

确定产品的市场份额有助于我们初步了解产品，可以让我们对产品的投入做出预算。确定产品的市场份额需要借助以下两种类型的工具。

第一种是展示产品大类排名的工具。

我们推荐使用"DS Amazon Quick View"这个工具。我们可以在 Google Chrome 中搜索"DS Amazon Quick View"，并把它加入插件。在搜索关键词的时候打开此插件，就会显示产品的大类排名，如图 2-5 所示。

图 2-5

第二种是确定市场份额的工具。

我们推荐使用 Jungle Scout 的销量预测工具。

在"Estimated Number of Sales per Month"（每月预计销售数量）中填上产品的 BSR 类目排名，在"Amazon Marketplace"（亚马逊商城）中填写目标站点，在"Amazon Product Category Amazon Marketplace"（亚马逊商城的产品类目）中填写产品的类目，单击"Calculate sales！"（计算销量）按钮便可得知产品的销量，如图 2-6 所示。

在美国站中电子类目排名第十的产品每个月的销量是 9180 件，假设这个产品的单价是 12.99 美元，我们就可以得知该产品的月销售额是 9180×12.99=119 248.2 美元。

有了这两种工具，获得产品的市场份额就不难了。

图 2-6

5. 选择单价为25～50美元的产品

经数据统计，25～50 美元是最多人购买的价格范围，这个范围的价格不会太高而让买家犹豫，也不会太低而没有利润。

6. 选择生命周期比较长的产品

这点很容易理解，我们花了很多精力开发产品，肯定希望产品可以在全年销售，而不只是在某些季节或者假日有需求，所以要尽量避免选择季节性的产品。

7. 选择评分为3.6分以上的产品

如果产品的普遍星级分数为 3.6 分以下，那么建议你不要开发，除非你有能力研发产品，不然退货成本会很高。

8. 选择在众筹网站上成功众筹的产品

对于在 Kickstarter、IndieGoGo 等网站中众筹成功后的产品，我们可以到 1688 等批发平台找相关产品。

9. 借助产品调研的工具选择产品

我们一般可以通过以下两个工具进行产品调研：

（1）Jungle Scout。

（2）SellerMotor。

总而言之，市场调研是你要关注的事情，千万不要忽视它的重要性。

2.1.3　季节性产品、节假日产品、常年性产品

季节性产品，顾名思义是有销售周期性的产品。比如，除湿器只在南方的回潮天有市场。

节假日产品，就是在某个节假日内有迅速增长的需求，而在平日里却无人问津的某些产品。比如，我们在平日里不会购买万圣节的饰品。

常年性产品，也可以理解为消耗性产品，是在生活中不可缺少的产品，如衣服、鞋子等。

很多人在选择产品的时候，目光不够长远，只考虑短期，更倾向于找到有市场的产品，并立即展开销售，而不做长期计划，而当这个产品的销售周期结束时，就要寻找下一个产品。

请你思考下面的问题。

你是倾向于选择季节性产品、节假日产品还是常年性产品呢？

2.1.4　产品的大小

在亚马逊上销售肯定离不开 FBA，FBA 对于 Listing 的重要性在这里不详细展开。但产品的大小与 FBA 的收费和运费密切相关。我们可以到亚马逊官网上看一下 FBA 的尺寸限制以及对应的例子。

FBA 的收费标准为 2.41～137.32 美元/件，所以你在开发产品时要根据 FBA 的收费标准进行开发，产品的大小会对运费有影响。

这里需要强调，国际运费的重量以实际重量和体积重量为准，按两者中最高的收费。例如，一个包裹的长、宽、高分别是 57、42、44.5 厘米，实际重量为 10.7 千克。我们可以用计算体积重量的公式核算这个包裹的体积重量：长×宽×高/5000。

这个包裹的体积重量为（57×42×44.5）/5000=21.3 千克。这样，这个包裹的国际运费按体积重量收费（21.3>10.7）。

2.1.5　产品的利润

说到产品的利润，你必须要清楚每卖一件货物，其中包含的成本是多少，下面罗列了每笔交易可能或已经产生的成本：

（1）货物成本。

（2）运费。

（3）广告费用。

（4）退货成本。

（5）产品佣金。

（6）FBA 费用。

根据已经产生的成本，你再核算产品的利润和售价。如果综合以上成本核算，产品已经没有多少利润甚至是负利润，那么这个产品便不是你的目标产品。

2.2　找准合适的货源

在确定好产品后，下一步就是怎么找到这个产品。

2.2.1　找准适合公司定位的产品

如果你对"找准适合公司定位的产品"难理解，那么可以理解为怎么找到公司需求的产品。在得到采购需求后，你首先要到批发网站搜索该产品的关键词。以黑头仪为例，在 1688 网站的搜索框中输入"黑头仪"，单击"搜索"按钮，会出现 9515 件相关产品，如图 2-7 所示。

我们可以根据 30 天成交量、是否源头工厂、回头率等进行初步选择。在选到合适的厂家后，我们可以把鼠标移到产品框内，了解该产品的最低订货数量和店铺的各个指标分数。我们还可以单击"同款"查找更多类似的产品，从中选到适合自己的厂家。

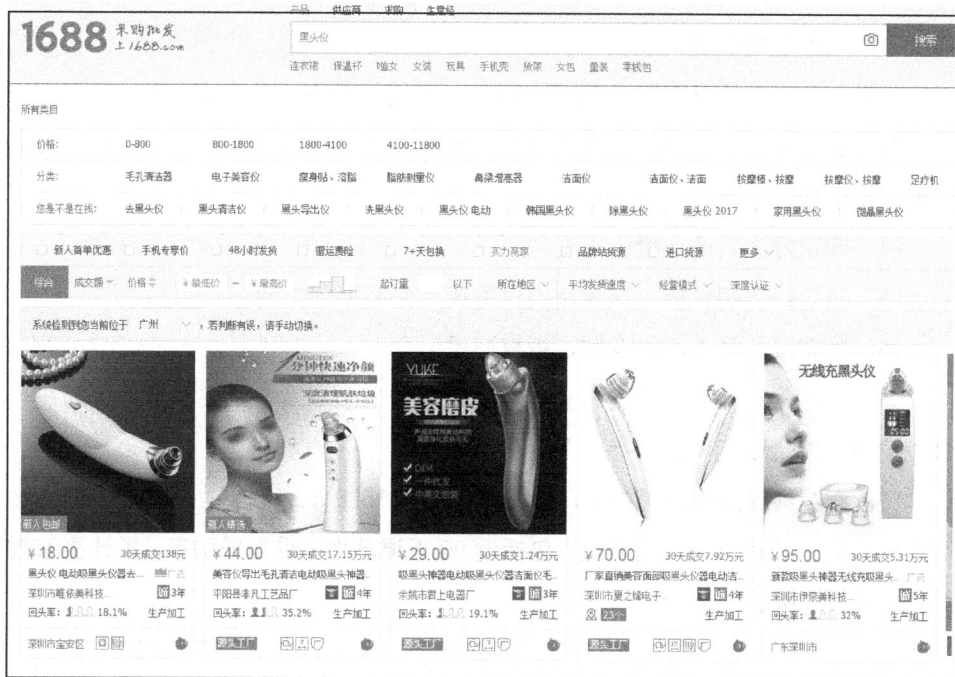

图 2-7

2.2.2 找准合适的供应商

找到一个靠谱的供应商很难，为了让你在找到合适的供应商这条路上少走弯路，我们总结了以下 7 点。

（1）是否有工厂、工厂的实力如何。

你务必要拿到工厂的图片，从图片中可以了解工厂的环境。同时，你要随机选取一个时间，要求与厂家进行实时视频通信，查看当时的工厂状况。你一定不要事先和厂家约时间，这样很难确定是否真的有工厂。

（2）是否有售后支持。

售后支持不只要考虑国内，还要考虑货物在到国外后，出现产品问题怎么办。如果每一个销售到国外的瑕疵品都需要寄回国内才可以与供应商退换货，那么来回的运费是远高于退换货的成本的。所以，我们要谈好以下两个问题：

① 国内 QC 不合格产品的退货处理方法。

② 在亚马逊上产生退换货的处理方法。

（3）要确定好货期。

如果一个产品的货期需要 30 天以上，你就马上找下一个供应商吧。货期太长可能会导致销售计划中的产品预估销售量过多，从而造成库存积压，或者产品预估销售量过少造成缺货。

（4）确定好大货的运费由谁支付。

（5）确定好含税价格，这涉及出口退税，务必要问清楚。

（6）确定好产品认证、专利、版权问题。

如果该产品有专利，或者在目标销售市场侵权，那么你不要拿货，因为在平台上销售可能会引起侵权而导致关店。

（7）查看供应商的公司档案，如果供应商在 1688 上有旺铺，那么你可以直接从公司档案中了解该公司的情况，包括近 90 天退款率、重复采购率、累计买家数等，如图 2-8 所示。

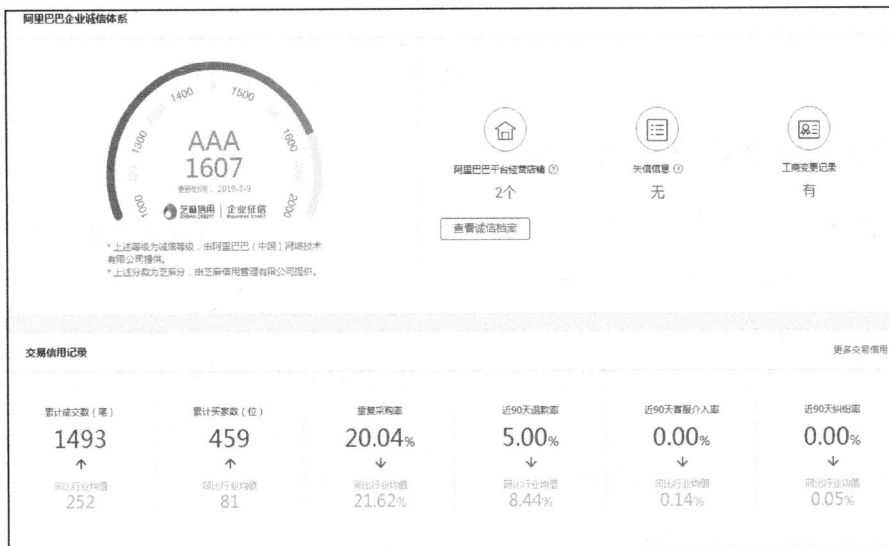

图 2-8

3

第 3 章

如何做好 Listing 的基础建设（一）: 标题! 标题! 标题!

标题之所以为 Listing 基础建设的入门砖，除了能够嵌入主关键词，也是买家搜索到你的产品的来源之一。一个好的标题可以提高产品的点击率、转化率。比如，天气变冷了，你想买个抓绒的秋裤给女朋友，就会直接在电商平台的搜索框中搜索"女士 抓绒秋裤"，如果你对面料有要求，那么可能会加上"莫代尔 女士 抓绒秋裤"，以便精准地搜索你想要的产品。所以，标题包括的产品关键属性越精准，所带来的转化率越高。如果你没有对标题优化，潜在买家可能就找不到你的产品，从而影响销量。下面我们总结一下在亚马逊上打造标题的规则。

3.1 标题的两个要素

标题一定要写满，尽量做到一个字符都不要浪费，亚马逊对标题的字符限制为 250 个字符内。你要让关键词尽量嵌入产品标题中，以便增加 Listing 的权重。写标题有两个要素，第一个是标题的可读性，第二个是标题的可搜索性。

3.1.1 标题的可读性

标题的可读性，顾名思义，是指打造的标题要有逻辑性，符合当地人的语言习惯，可以让人一目了然地知道你所卖的产品属性是什么、颜色是什么等。下面分析图 3-1 所示的标题。

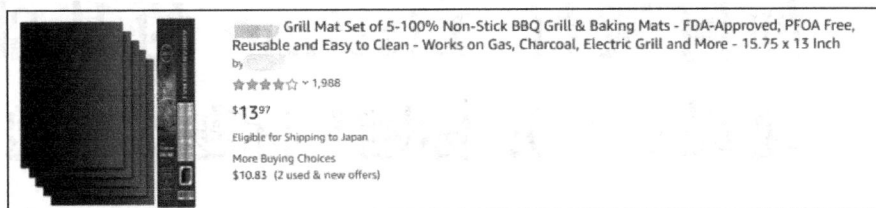

图 3-1

品牌名 Grill Mat Set of 5-100% Non-Stick BBQ Grill & Baking Mats - FDA-Approved, PFOA Free, Reusable and Easy to Clean - Works on Gas, Charcoal, Electric Grill and More - 15.75×13 Inch。

乍一看，标题过于冗长、复杂，让人没心思看下去。这个标题采用了我们所说的堆砌法，把产品的主关键词堆砌在标题靠前的位置，这样的标题让买家在短时间内不清楚我们卖的产品是什么。我们可以把标题改成以下形式：

品牌名 BBQ Grill Mat Set of 5 - FDA-Approved, PFOA Free, Reusable and Easy to Clean - Works on Gas, Charcoal, Electric Grill and More - 15.75×13 Inch。

我们先把关键词提前，再接着写产品的属性，买家就会在最短的时间内知道我们卖的产品是 5 件套的烤肉垫。如果你把关键词过多地堆砌到标题中，那么会影响买家的体验。标题应该易于买家阅读。

3.1.2 标题的可搜索性

产品排名建立在亚马逊的 A9 算法上。A9 算法主要从产品的历史销售记录、文本相关性、价格和库存等因素考虑。其中文本相关性涉及的主要是标题、Bullet Point、产品长描述和 Search Terms（搜索关键词）。在对自己的产品定标题之前，你可以先借助热搜词的工具确定相关词语具有的搜索热度。

（1）MerchantWords。

（2）Google Ads Keyword Planner。

通过以上热搜词工具，你可以选择适合的关键词嵌入标题，以达到标题的可搜索性。以"Grill Mat"（烤肉垫）为例，假设产品是黑色的、网面花纹的烤肉垫。你可以在 MerchantWords 的搜索框中输入"Grill Mat"，如图 3-2 所示。根据产品数据，你可以找到适合的而且热度颇好的关键词："mesh grill mat"（网面烤肉垫）、"black grill mat"（黑色烤肉垫）等。

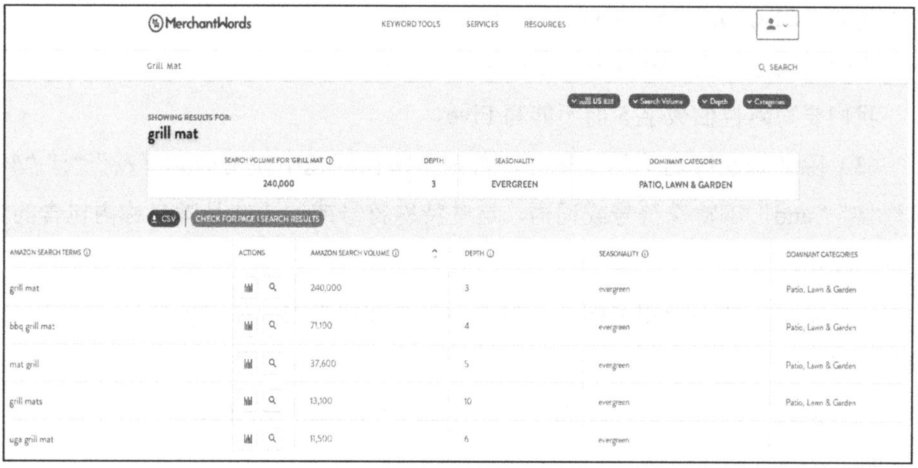

图 3-2

所以，你的产品标题可以写成"Black Mesh Grill Mat"。这样的标题不但具备可读性，而且具备了可搜索性，一举两得。

注意：你要把最重要的关键词放在前五个单词里，如果你的品牌并没有一定的知名度，那么我们建议把品牌放在后面。

3.2　标题的要求与制定

3.2.1　官方对标题的要求

在介绍标题打造技巧之前，我们先来看一下亚马逊官方对标题的要求，仔细分析官方给出的 5 个要求。

（1）大写每个单词的首字母。每个单词的首字母必须大写，但 a、an、for 等例外。

例如，OtterBox Commuter Series Case For iPhone 8 & iPhone 7 （NOT Plus） - Indigo Way（Maritime Blue/Admiral Blue）。

符合亚马逊标题规范的写法应为 OtterBox Commuter Series Case for iPhone 8 & iPhone 7（NOT Plus）- Indigo Way（Maritime Blue/Admiral Blue）。

（2）所有数字都应该是阿拉伯数字。

如果标题中需要数字，那么需要用阿拉伯数字。

例如，BBQ Grill Mat Set of Five……

正确的写法应为 BBQ Grill Mat Set of 5……

我们要写阿拉伯数字 5 而不能写 Five。

（3）除非是品牌名称的一部分，否则不得在标题中使用诸如"&""；""%""$""#""and"等特殊符号或词语，这些特殊符号或词语在品牌名称内包含的情况下可以出现。

（4）如果尺寸不是相关细节，那么不要在标题中列出，不要在标题中填写无关的信息。

（5）如果产品没有多种颜色，那么标题中不应该注明颜色。

当然，除了以上 5 点，还要注意以下几点：

（1）不能有促销、运费等与销售无关的词语，如"free shipping"（免运费）、"hot sale"（热销）等。

（2）如果自有品牌不是知名品牌，那么可以不用放在开头。

（3）标题的字符为 250～500 个。在后台独立上传单个产品时只可以填写 250 个字符，当通过表格批量上传产品时可以填写 500 个字符。（**注意：一个标点或者一个空格也算一个字符。**）

（4）符合当地的语言习惯。

（5）避免使用自我赞美的词语，如"No.1 Seller"（No.1 卖家）。

3.2.2　亚马逊部分卖家的产品标题情况

1. 不知所云类

一个标题里包含了两种产品，会让买家疑惑到底卖的产品是什么，如图 3-3 所示。

图 3-3

2. 关键词堆砌

这样的标题难以阅读，会让购物者停下来思考到底卖什么产品。作为卖家，我们肯定不希望潜在买家被迫弄清楚我们想说什么，如图 3-4 所示。

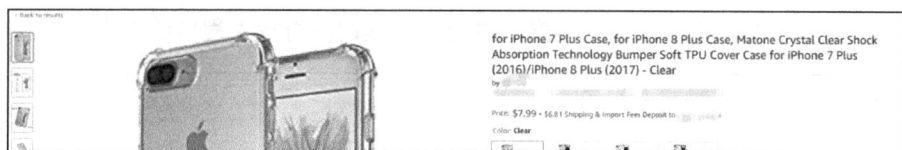

图 3-4

3. 欠缺优化

标题没有针对不同的展示端进行字符的优化。买家在不同的展示端所看到的字符数量是不一样的，我们需要把最关键的词放在最前面，这样才可以在曝光的同时让买家清楚我们卖的产品是什么。下面是根据不同的展示端对字符显示数量做的统计：

（1）手机浏览器能显示的字符数量：84 个字符。

（2）手机 App 能显示的字符数量：78 个字符。

（3）侧栏广告显示的字符数量：34 个字符。

（4）电脑能显示的字符数量：160 个字符。

（5）电脑安装的软件显示的字符数量：141 个字符。

从以上统计中可以看出，能显示的最少字符数量仅有 34 个！我们不要再随便把没用的词放在前面了。我们需要好好地安排放在前 34 个字符的关键词是什么，这样才不会浪费每次曝光的机会。

3.2.3 标题打造的方法

上面介绍了亚马逊卖家的标题情况，下面介绍本节的重点：打造标题的方法。每个人都有自己对打造标题的看法，以下两种方法仅供参考。

1. 主关键词和次关键词结合

从图 3-5 中可以看出，该标题放在最前面的是该品牌的品牌名。当然，该品牌已经在市场上有一定的知名度，所以放在前面是可以的。如果品牌没有知名度，就不必放在标题的前面了。紧接着品牌名的是该产品的主关键词和产品的属性，然后是产品的次关键词和产品的适配场景。也许有人会问，这种写法与关键词堆砌法有什么区别？我们可以清楚地看到，主关键词和次关键词以产品的属性间隔开，这样写并不会让读者感到疑惑，也能让关键词获得较大程度的曝光。

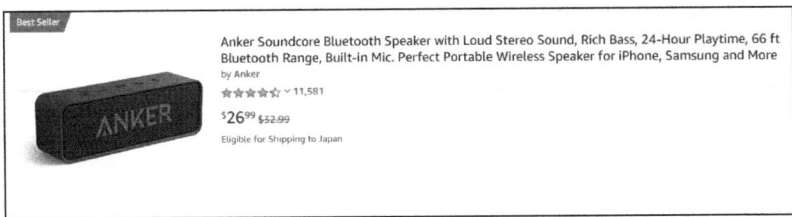

图 3-5

主关键词和次关键词结合的标题格式可以拆解为品牌名+产品的主关键词+产品的属性+产品的次关键词+产品的适配场景。

优点：一目了然，既满足了标题的可读性，又符合亚马逊对 Listing 的要求。

缺点：没有最大限度地获取流量。

2. 关键词包含

这个方法很少使用，需要密切留意热搜词。例如，已知适合的产品关键词为"wax warmer"（熔蜡机）、"purple wax warmer"（紫色熔蜡机）、"wax warmer 25 watt"，标题可以写为：

"Purple Wax Warmer 25watt ……"

这样用有逻辑性的方法把关键词串联在一起也是一个不错的选择。

你可以选择适合自己产品的方法，也可以对两种不同的撰写标题方法分别进行 A/B 测试。

请你思考以下问题。

已知关键词"blackhead remover"（黑头吸除器）、"blackhead remover vacuum"（黑头吸除器真空）、"nose blackhead remover"（鼻子黑头吸除器）"4 in 1 blackhead remover"（4 合 1 黑头吸除器），以主关键词和次关键词结合的方法写一个标题。

答案：

4 in 1 Blackhead Remover+产品属性+Blackhead Remover Vacuum

下面是亚马逊官方给出的不同类目的标题模板：

（1）Style for Cookware, Cutlery: Brand + Line + Size+ Product Type 。

厨房用品：品牌+尺寸+产品类型。

（2）Style for Sheets, Mattress Pads, Blankets: Brand + Line/Pattern + Thread Count + Material + Size + Product Type, Color。

床上用品：品牌+款式+织物经纬密度+材质+尺寸+产品类型/颜色。

（3）Style for Laptops and Desktops：Brand + Model Number + PC Type （Processor speed + MB of RAM + Hard Drive Size+ Optical Drive）。

电脑：品牌+型号+电脑类型。

如果你想找到更多的模板，那么可以浏览亚马逊官方网站。

3.3　标题中的关键词来源

1. 常用的热搜词工具

通过关键词每月在亚马逊上的搜索量，我们可以知道该产品的需求量；每月的搜索量越大，产品的需求量越大。上文介绍了打造标题的两个要素和方法，下面阐述在哪里可以找到有用的关键词。

（1）前台搜索框的提示，如图 3-6 所示。

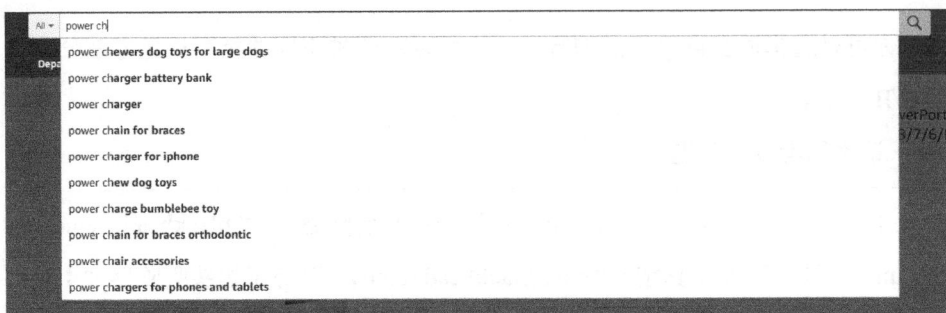

图 3-6

（2）MerchantWords 热搜词工具，如图 3-7 所示。

图 3-7

（3）Google Ads Keyword Planner。

（4）广告报告。

2. 同行撰写的标题

知己知彼，百战不殆，做亚马逊运营也一样。我们需要密切关注做得好的同行的标题、Bullet Point 和产品长描述，甚至图片，把它们收集在 Excel 里。但同行的也不一定是正确的，所以我们要客观地判断，学习同行做得好的地方，不断地优化我们的标题。当然，我们也可以参考当地的电商平台。

3. 竞品Review的提炼

大多数 Review 是目标买家留下的真实评论，我们可以收集销售得比较好的 ASIN（Amazon Standard Identification Number，亚马逊标准识别号码）的评论，并对其做数据分析，把买家提到次数最多的单词或者短语提炼出来，并看能不能放在标题、Bullet Point 或者产品长描述里。当然，我们不需要查看所有产品的

Review，只需要挑选销售得比较好的产品即可。我们可以打开亚马逊美国站的主页，输入产品的关键词，挑选销量好的 Listing。我们先从负面评论开始看，把买家反映的通用缺陷放在 Excel 里，接着再看好的评论，找出买家对这个产品认同的地方，一一收集，并和负面评论一起分析。有时一些简单的调整，便可以让你的产品更具竞争力。

4

第 4 章

如何做好 Listing 的基础建设（二）：你只有九张图片表达自己

在一个图文并茂的时代里，好的图片可以激发买家的购买欲望，让人眼前一亮。一张好的产品图片可以极大地提高产品的点击率和转化率。以下是关于产品主图重要性的统计：

（1）63%的买家认为产品图片比描述更重要。

（2）多数人只会阅读网页文字的 20%，但会查看每一张图片。

（3）53%的买家认为图片比评论重要。

所以，图片的重要性不容忽视。据《福布斯》统计，在美国超过 30 万家中小企业在亚马逊上销售产品。如何在众多竞争者中脱颖而出？我们认为产品图片是一个突破点。接下来，我们就来介绍怎么做好亚马逊的九张图片。

4.1　与产品相关的图片的来源

非法使用有版权问题的图片会被起诉，遭到罚款。所以，在亚马逊中，我们一定要选择没有版权问题的图片，切忌使用来源不明的图片，否则会引起商业侵权。图片的来源可以为外国的网站或国内的网站。我建议你使用外国的网站来寻找需要使用的图片，因其能更好地贴合外国人的审美习惯，而国内的网站提供的素材大多为中国风元素。这样对比下来，用外国的网站较为适合。

如果你想让自己的图片与众不同，又符合当地人的审美习惯，那么可以让外国人拍摄。

4.2　是用七张图还是用九张图

我们都知道，亚马逊提供了九张图片让卖家展示产品，但是很多人只用了七张。原因可能是没有更多的产品图片可供展示，但是最重要的原因是产品详情页面最多只会显示 7 张图片，如果买家想看剩下的两张就要单击图片下的折叠按钮才能看到，如图 4-1 所示。有别于多数人的看法，我们认为，要充分利用好在亚马逊上展示的每一张图片。这九张图可以从下面这些图中选择。

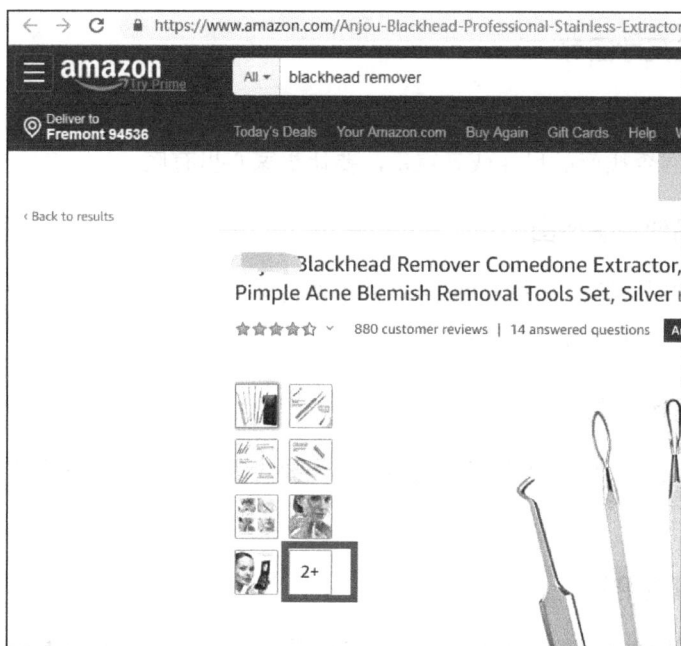

图 4-1

1. 产品主图

第一张图片肯定是产品的白底主图，产品最好占主图的比例为 80%。

2. 产品侧面图

产品侧面图可以让买家多角度了解你的产品，这对一些款式型的产品尤为适合，如衣服、鞋子等。

3. 产品功能图

产品功能图以图文的方式呈现产品的功能，让买家更清楚产品的功能。

4. 产品细节图

产品细节图突出产品的重要细节，可以增加产品的竞争力，让买家一目了然。

5. 产品模特图

有些产品需要模特烘托才能更好地展现，这时候产品模特图就要纳入产品图的布局中。

6. 产品尺寸图等

在图中，你要标好产品的具体尺寸或重量，以免买家在 Bullet Point 或者产品长描述里来回查找产品尺寸或者重量，要让买家心里有底。

7. 产品使用说明图

大多数产品都有说明书，但是这并不妨碍你再做一份产品使用说明图。比起枯燥的文字，人们更容易接受图片。

8. 产品包装图

产品包装图不仅是展现产品的盒子，还要告诉买家在买了这个产品后将会收到什么。

9. 场景应用图

场景应用图可以让买家知道该产品能应用在什么地方，抑或是能适配哪些其他类型和型号的产品。

例如，某个手机壳可以适配 iPhone 7、iPhone 8，那么我们可以做一张图，告诉客户这个手机壳能适配哪些型号。

10. 拆解结构图

产品拆解结构图可以将产品各个部件的结构通过立体图呈现出来，让买家对产品的结构一目了然。

以上就是亚马逊产品图的建议布局，你可以根据自己的需求再分析。我建议你在作图的同时考虑图片的统一性，如字体需要统一，不要第一张图用 A 字体，第二张图用 B 字体。同理，图片的色调也要一样，不要部分图片选用冷色调，部分图片选用暖色调。这会让买家感觉不协调。

4.3　亚马逊官方对图片的要求

在亚马逊上销售产品，一定要遵守亚马逊制定的产品主图格式与标准。你可以自行到亚马逊官网上查看，下面总结了提交给亚马逊的产品图片必须符合的要求。

1. 技术要求

（1）图片格式为 TIFF（.tif / .tiff）、JPEG（.jpeg / .jpg）、GIF（.gif）和 PNG（.png）。

（2）图片的长度或者宽度至少为 1000 像素。

（3）图片的颜色模式为 sRGB 或 CMYK。

（4）图片的文件名必须包含产品标识符［ASIN、ISBN（International Standard Book Number，国际标准书号）、EAN（European Article Number，欧洲物品编码）或 UPC（Universal Product Code，产品通用条码）］+句号+扩展名，不可以包含空格、短划线或其他字符。例如，ASIN.jpg。

2. 对产品图片的要求

（1）必须是产品的专业照片，不能是绘图或者插图。

（2）不能包含非订单内的配件、道具。

（3）必须专业拍摄或扫描，色彩要逼真、边缘要光滑。

（4）书籍、音乐和视频/DVD 的图片应该是其对应的封面，并填充主图 100%

的空间。

（5）产品应该占图片的 85%或更多的空间。

（6）图片需要包含完整的产品。

（7）图片的背景色是纯白色（RGB 255,255,255）。

（8）图片不可以包含其他文字、图形和图片。

（9）不得包含色情和攻击性内容。

3. 辅图标准

（1）不可以是非销售的产品图片。

（2）必须专业拍摄或扫描，色彩要逼真、边缘要光滑。

（3）允许使用辅助道具进行产品说明。

（4）产品和道具应该占图片的 85%或更多的空间。

（5）允许对图片进行裁剪或特写。

（6）允许其他背景和环境。

（7）允许添加文字和图形。

（8）不得包含色情和攻击性内容。

为了给卖家明确的帮助，亚马逊对产品图片制定了明确的要求。我们总结如下：

（1）图片的格式可以为 JPEG、TIFF、GIF。

（2）像素要求至少为 1000 像素×1000 像素。这样的图片可以缩放，卖家可以局部放大图片看产品细节。

（3）主图的背景必须是纯白色的。

（4）主图不能带 Logo、水印，不能带有公司名和联系方式。产品最好占据主图的 80%。

4.4　如何做好九张图片

我们先划分一下九张图的结构，分别是一张产品主图和八张产品副图。产品主图是显示在亚马逊页面的第一张图，是最能展示产品的图片。其余八张副图可以是产品的拆解结构图、产品的尺寸图、产品的场景应用图、产品的细节图等。下面介绍怎么做好这九张图。

4.4.1　图文并茂——突出产品的卖点

突出产品的卖点应该是各个卖家最关心的。我们如何定位产品的卖点呢？我觉得可以从以下几点中找出产品的卖点。

1. 产品信息

最直接的方法是从产品信息中了解产品的卖点。以电子驱蚊器为例，我们了解到产品具有"捕蚊率高、健康、环绕式光催化紫光灯、舒适、静音、母婴适用"的卖点。

我们首先从买家角度思考：买家在买了一个驱蚊器后最担心的问题是什么？是有辐射吗？是会不会太吵吗？是能不能灭蚊吗？我们再与产品的特点匹配。"会不会太吵"与"舒适、静音"匹配了！我们就可以把"舒适、静音"这个特点写成卖点。

2. 售后

买家的声音永远是最真实的。这里的售后不仅指买家发来的邮件，还包括买家退货留下来的"Customer Comments"（客户评论）。对于像买家发邮件抱怨××产品看起来很旧、包装看起来不够"高大上"等这些与产品质量无关的抱怨，我们都不用提炼成卖点。但是对于××金属探测器，买家多次反馈机器经常在不使用的情况下鸣叫，这时我们应该注意，立刻与采购人员沟通，看看能不能改善这个卖点。如果可以改善，那么这将会是你的产品的一大亮点。如果不可以改善，那么也没有关系。我们可以在 Bullet Point 或者产品长描述中提醒买家。

3. Review

如图 4-2 所示，产品是金属探测器。排名靠前的几个 ASIN 的评论主要反映的质量问题是"不防水、经常鸣叫、检测金属的灵敏性不够"。以"不防水"为例，大多数买家反映在水深 1～2 英尺[①]时金属探测器可以正常使用；当水深达到 5～6

---

① 1 英尺≈0.3 米。

英尺时，金属探测器就不能正常使用了。我们可以先与供应商反映这些售后问题，询问供应商有没有方法解决这些问题。如果供应商有解决办法，那么我们便可以把"深度可达 5～6 英尺"这个卖点增补上去。

图 4-2

4. QA

QA，就是 Questions & Answers（问题与回答）。我们可以收集买家的问题，找到买家重复提出的重点问题，写到图片里。

4.4.2 图文并茂——突出买家关注的产品通有缺陷

你可能会有疑问，为什么要突出产品的通有缺陷？以金属探测器为例，上文提到，买家主要反映的质量问题是"不防水、经常鸣叫、检测金属的灵敏性不够"。我们不是要把这里所提到的缺陷都在图片上显示出来，而是要把这些通有缺陷的改善点写上去。例如，对于不防水，我们可以找一款防水的产品，在经过供应商确认和自己测试后，可以在图片上突出"防水"这个功能。买家在购买产品的时候可以在你的 Listing 上找到认同感，这样就会提高转化率。

4.4.3 图文并茂——突出产品的属性、尺寸等

图 4-3 和图 4-4 所示的都是烤肉垫产品。从图 4-3 中，我们可以在短时间内就

知道这个产品的尺寸；而在图 4-4 中，我们无法快速地从图中知道产品的尺寸，需要在 Bullet Point 中得知产品的尺寸是 60 英寸×30 英寸[①]。作为一个亚马逊买家，你会更喜欢哪种方式呢？

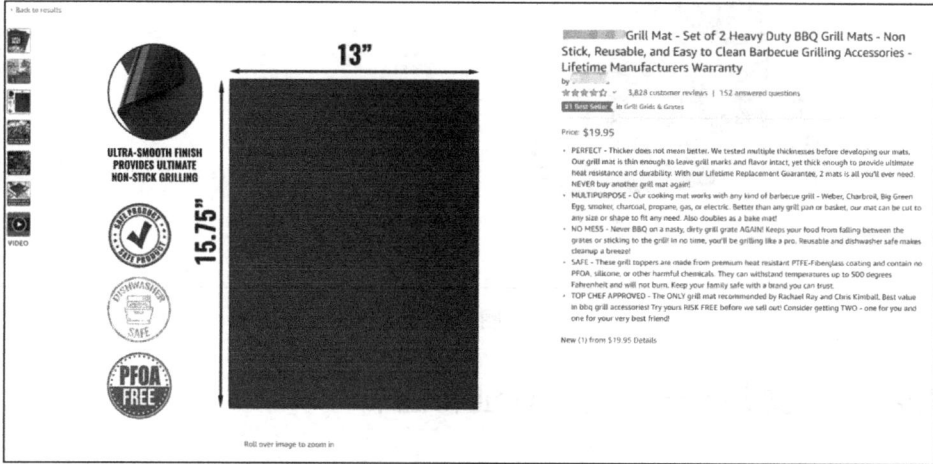

图 4-3

图 4-4

如图 4-5 所示，用熟悉的参照物对比，更能让人直观地知道产品的大小。但是切记在用这些参照物做对比的时候，要模糊品牌标识，否则会引起品牌方的投诉。

---

① 1 英寸≈0.025 米。

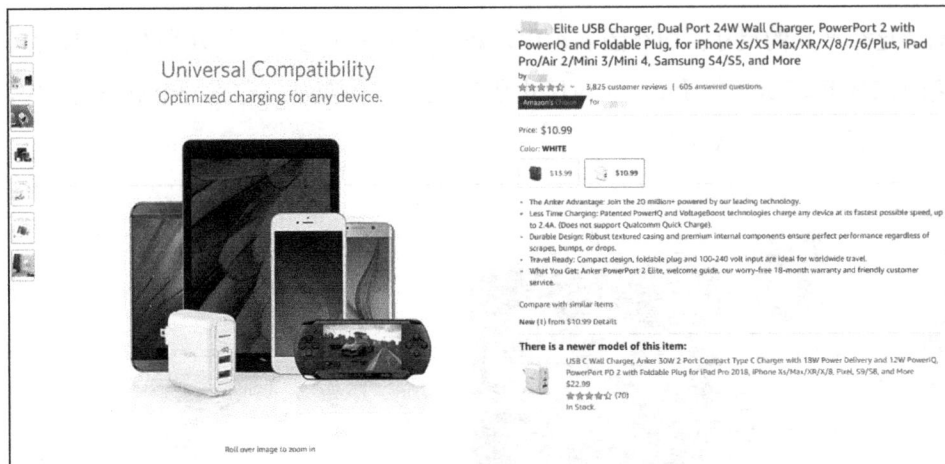

图 4-5

4.4.4　图文并茂——各项认证和证书

下面先普及一下在亚马逊上常用的认证和证书。

1. 美国食品和药物管理局认证

美国食品和药物管理局（Food and Drug Administration，FDA）专门负责食品与药品的管理。该认证主要针对药品、化妆品、医疗用品等。

2. 美国联邦通信委员会认证

美国联邦通信委员会（Federal Communications Commission，FCC）专门负责确保与生命财产有关的无线电和电线通信产品的安全性。该认证主要针对电脑、电脑配件、电动工具等。

3. CE认证

CE 认证（CE Conformity）是一种安全认证而并非质量合格认证，通常被视为制造商打开欧洲市场的通行证。

4. 儿童产品证书

儿童产品证书（Children's Product Certificate，CPC）的发证机构专门负责检测儿童产品的安全性。但凡在亚马逊美国站售卖的儿童玩具和儿童产品都必须提供儿童产品证书。

5. DOT证书

美国交通部（US Department of Transportation，DOT）专门负责检测进入美国的各种交通工具等的安全性。该证书主要证明汽配类产品的安全性。

6. 美国保险商试验所认证

美国保险商试验所（Underwriter Laboratories Inc.，UL）专门确定各种材料、装置、产品、设备、建筑等对生命、财产有无危害和危害的程度。该认证主要针对充电器、充电宝、手机电池等的安全性。

以上所列的认证和证书，并不是要求每个卖家都去申请，卖家只要根据自己的需求申请便可。

注意：只要你的产品有以上任意一种认证或证书，你就可以把认证的图标加入产品主图或者副图。这样可以让买家在短时间内就知道你的产品通过了认证。除此之外，你也可以根据自己的真实需求把 Prime 图标、购物车图标等放入图片。

4.5　如何防止图片被盗用

你精心打造了九张产品图片，万一被人盗用怎么办？

你一定要养成保存设计图和图片源文件的习惯，在发现别人盗用你的图片后，可以向亚马逊客服反映，并提供相关的证据，这样才能更好地保护你的图片不被盗用。

在图片被盗用后，申诉的资料如下：

（1）盗用图片的 ASIN。

（2）投诉人的信息。

（3）投诉人的联系方式。

投诉步骤如下：

（1）在后台联系客服或者单击"Reports Infringement"（举报侵权行为），根据页面所提示的内容填写即可。

（2）在"Allegation of Infringement"（侵权指控）中填写"Right Owner"（产权所有人）、"Copyright Concerns"（产权疑虑）和"the image is used without authorization on the Product Detail Page"（产品详情页面上的图片未经授权被盗用）。

（3）填写自己的品牌名和图片版权的问题。

（4）填写盗用图片的 ASIN。

你在得知自己的图片被盗用后不要姑息养奸，要拿起申诉的武器保护自己。

第5章

如何做好 Listing 的基础建设（三）：Bullet Point 和关键词设置

潜在买家不只看产品标题，有的买家甚至会看产品卖点和详情描述，所以你需要在短时间内抓住买家的眼球，说服他们你的产品才是他们的最优选择。亚马逊标题的 SEO 优化与写出 5 点好的 Bullet Point 离不开。本章旨在教你如何打造 Bullet Point 和设置关键词。首先，你可以自行到亚马逊官网学习一下详情页面的规则，下面我们摘取了一些官网的说法。

1. 撰写Listing的相关规定

（1）亚马逊对不同类目的产品有不同的规定，你需要明确自身的产品类目，并选择相应的模板进行填写。所有的产品可参考"service quick start style guide"（快速启动风格指南服务），部分特殊产品可参考"templates for specific categories"（特定类别的模板）。

（2）除了描述中的换行符</ br>，产品详情内页不可使用 HTML、JavaScript 或其他类型的代码。

（3）标题、长描述、Bullet Point 和图片不可以包含以下内容：

① 色情淫秽或冒犯性内容。

② 电话号码、地址、邮件地址、网址信息。

③ 引导到外部网站下单或提供运费优惠（如免费送货）的链接。

④ 对书、音乐和视频剧透（透露故事结局）。

⑤ 评论、引用或证明。

⑥ 要求好评的内容。

⑦ 图片和视频上的广告、宣传、水印。

⑧ 参观、研讨会或讲座的时间信息。

（4）包括空格在内标题最多为 200 个字符，部分类目的标题字符数更少（详情参考"templates for specific categories for details"）。

（5）需遵循以下产品上架标准，否则会导致销售权限被移除：

① 准确分类，可参考"product classifier"（产品分类）和"browse tree guide"（品类指南）。

② 标题、长描述、Bullet Point 必须使买家清晰和易懂。

③ 产品图片需符合亚马逊标准，具体见"product image requirement"。

2. 添加详情页面的政策规定

（1）除了在亚马逊平台上架产品，库存文件不可用于其他目的。

（2）不可使用虚假的产品标识信息（包括 UPC 和发布日期）。

（3）已有产品不可创建产品详情页面。

（4）不可交叉销售、推广产品。

（5）对于书籍、音乐、视频和 DVD 类产品，一个详情页面不可宣传多个产品。

（6）不可包含受限制的产品。

（7）所有产品必须符合北美产品安全标准，具体参考"Choking Hazard Warning Requirements"（窒息危险警告要求）。

（8）不可使用现有 Listing 创建新产品（包括颜色、尺寸、材料、特征、产品名），应该为每个新产品创建新的 Listing。

5.1　如何写好Bullet Point

Bullet Point 可以被理解为产品的卖点，主要展示产品的主要特征和属性等。以下是我们对 Bullet Point 官方解释的解读：

Bullet Point 用于快速总结有关产品的重要产品特点。

要求：

是否必填：否。

类型：字母数字。

最小长度：1 个字符。

最大长度：500 个字符。

特别说明：

（1）最多可以填写 5 行，一个卖点可为一行，每行只可以撰写 100 个字符。

（2）每行不需要空格。

Bullet Point 通常会显示在产品详细信息页面上，在产品名称和价格的下方，处于一个非常重要的位置，如图 5-1 所示。

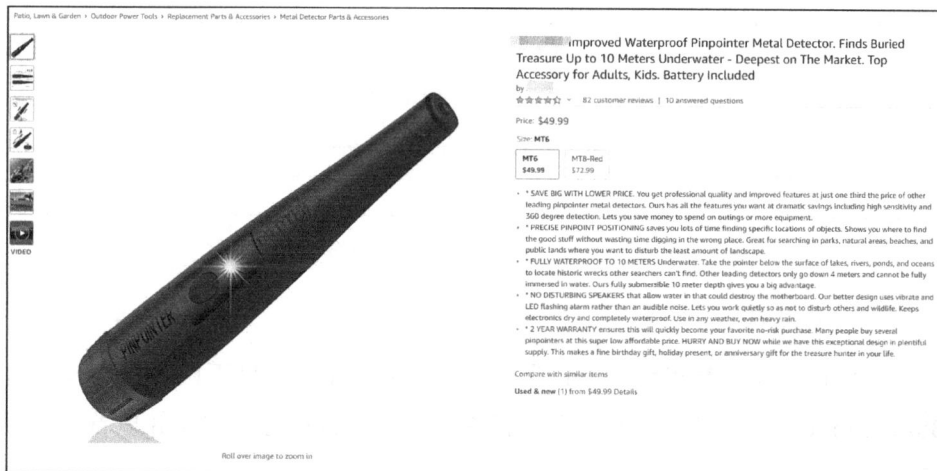

图 5-1

5.1.1 怎样才算好的 Bullet Point

好的 Bullet Point 可以让买家清楚地知道这个产品是什么，但是需要注意，但凡添加了与产品无关的内容，都会导致买家不会购买。我们先来看一下亚马逊部分卖家编写 Bullet Point。

1. 过长或者过短

图 5-2 所示的 Bullet Point 过长，图 5-3 所示的 Bullet Point 过短。

- QUALITY MATERIAL - Our Christmas Santa robe hooded cloak is made of super soft velvet. It's soft and comfortable, lightweight enough to wear in crowded. It's also the best gifts for Christmas, mask festival or dance party.
- PERFECT FOR XMAS AND MULTI-OCCATION - Ideal costume props for make up for Halloween, Christmas activities or theme party activities, Medieval cos-play, fancy dress, wedding, masquerade balls, Santacon, New Year party, school play and so on.
- SUPER CUTE AND LOVELY DESIGN - Deluxe long women girls capes Xmas Mrs. Santa role play fancy dress with authentic, unique and elegant style fits for adult, teens, women, ladies and girls. Family match cos-play costume props coat shawl outfit.
- EASY TO PUT ON AND TAKE OFF - One-piece designed long capa Xmas Cos-play Costume will make you eye-catching and charming on the party. Be ready to be Mrs. Claus on Christmas parties with this wonderful cape.
- TWO SIZE AVAILABLE FOR KIDS AND ADULTS - The size 100 length 100cm/39.3", recommend for 100-130cm height; The size 150 length 150cm 150cm/59", recommend for 150-180cm height.

图 5-2

- polyester
- Machine washable
- Kids Size:23.6"/ 31.5"/ 39.4" ; Adults Size:43.3" /51.2"/ 59"/ 66.9". The cape cloak is good ideal for your needs
- Hooded cape costumes perfect for Christmas, party, school stage show and year-around dress up fun, and also perfect outfit for birthday parties, masquerades and Halloween festivities,
- The cape cloak is one of the best gifts for children and adults to enjoy any festival, increasing the atmosphere of the festival

图 5-3

2. 没有重点

图 5-4 所示的 Bullet Point 没有重点，主要体现为以下两点：①没有对 Bullet Point 的重要性进行排序。②没有对每行卖点提炼出重点并以首字母大写突出。

- Deluxe long women girls halloween christmas party costumes hoodie hooded velvet cloak capes Xmas Mrs. Santa role play fancy dress cosplay costume props coat shawl outfit
- One-piece design: Cloak with hood. Three size available: 100cm/39.3"; 120cm/47.2" and 150cm/59" (all include the hood length), perfect fits for adult teens women ladies girls
- Made of super soft velvet. It's soft and comfortable, lightweight enough to wear in crowded. Ideal costume props for make up for Halloween, Christmas activities or theme party activities, Medieval Cosplay, Fancy Dress, Masquerade balls, SantaCon, New Year party, school play and so on
- Be ready to be Mrs. Claus on Christmas parties with this wonderful cape. It is awesome!
- Great Santa costume for SantaCon. Ideal gift for yourself, friends and families

图 5-4

好的 Bullet Point 应该有以下特点：

1. 每行卖点不要过长或过短

你可以把每个卖点控制在两行内。卖点过长会增加买家的阅读负担；卖点过短则会让买家觉得你不用心，只是随便应付。

2. 每行卖点应提炼出重点，并用首字母大写突出

如果你这样写，即使买家没有时间完全浏览你的卖点，也可以通过你给出的重点得知卖点。

3. 能够解决买家的烦恼

对于买家所担忧的缺点，你除了在图片上写，还可以在 Bullet Point 中再次强调。

所以，我们就可以根据"好的卖点"三要素做修改：

（1）Three Sizes: 100cm/39.3"; 120cm/47.2" and 150cm/59" （all include the hood length）, perfect fits for adult teens women ladies girls.

（2）Color: Red. Color might not fade if in common use. If happens, Contact us for a replacement.

（3）One-Piece Design: Cloak with hood.

（4）Soft Material: Made of super soft velvet. It's soft and comfortable, lightweight enough to wear in crowded.

（5）Application: Ideal costume props for make up for Halloween, Christmas activities or theme party activities, Medieval Cosplay, Fancy Dress, Masquerade balls, SantaCon, New Year party, school play and so on.

我把买家普遍关心的尺寸放在第一点，再写出买家关心的其余问题，把每行的问题提炼出重点，并大写。

5.1.2 如何提炼出好的 Bullet Point

1. 使用标题中放不下的关键词

做过产品基础建设的卖家都知道，一个产品会有上百甚至上千个关键词。我们不会把全部关键词都用在标题中，只会把比较重要的关键词放在标题中。所以，一旦优化好标题，你就可以把剩下的关键词融入 Bullet Point 中。你可能会有疑问，亚马逊的 A9 算法对 Bullet Point 适用吗？根据亚马逊的官方准则，在 Bullet Point 中嵌入关键词不会提高搜索排名。但是，在我看来，虽然在 Bullet Point 中嵌入关键词不会提高搜索排名，但是也不会对 Listing 造成不好的影响。

小提醒：每行最多可以填写 100 个字符，我们不能把关键词胡乱地写在 Bullet Point 中，要充分考虑怎么写才可以让它读起来通顺且达到想表达的意思。图 5-5 和图 5-6 是烤肉垫产品的 Bullet Point。乍一看，图 5-6 的 Bullet Point 很长，虽然这样写能嵌入更多的关键词，但是会影响买家的购买体验，不能在短时间内抓住重点。而图 5-5 的每个卖点都提炼了关键词，且每个卖点的长度适中，这样让人容易接受。所以，你千万不要为了堆砌而堆砌关键词在 Bullet Point 中。

图 5-5

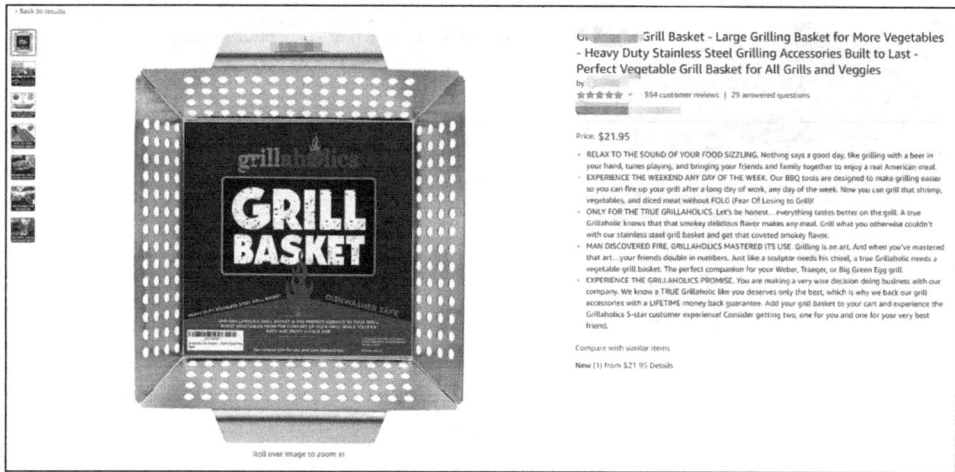

图 5-6

2. 善用首字母大写突出重点

众所周知，在这个发展迅速的信息时代，人们很少有时间阅读网络上的所有内容，互联网的购物信息也不例外。

对比图 5-7 和图 5-8，图 5-7 只简单地描述了产品的卖点，有的行提炼了重点，有的行并没有提炼。除了看起来不统一，这样写也没有重点，会让买家没有耐心看。在图 5-8 中，每行前都提炼了一个关键词总结这个卖点，这样买家就能在短时间内看到这个产品的卖点，大大节省了时间。

图 5-7

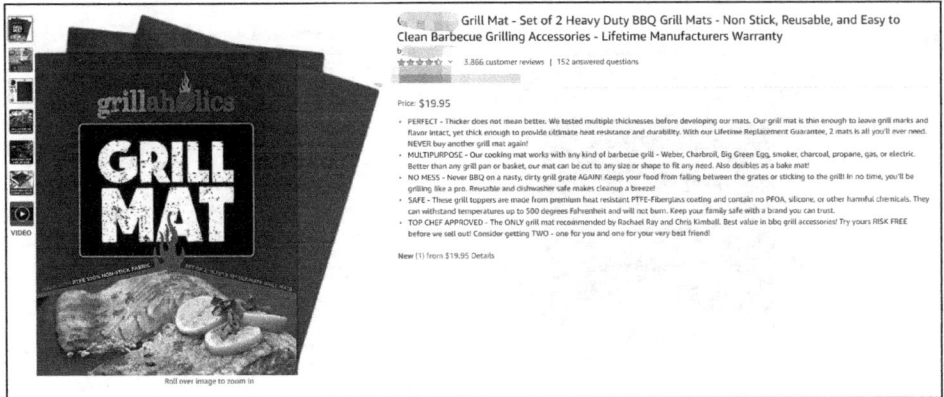

图 5-8

以图 5-9 为例，我们可以做一下调整。

- Measuring 36 inches by 50 inches, this protective mat stays safely in place under your grill to collect any spills and splatters.
- Made of friendly PVC free fabric blend absorbs and collects liquids, stain resistant and durable waterproof backing prevents messes from soaking through to other surfaces, with a neutral charcoal color that looks great on any surface and with most grills
- Easy to Clean: When ready to clean, simply rinse with soap and water or a garden hose.
- Easy to roll up for compact storage during the off season Neutral charcoal material looks great on any surface and with most grills
- Surface Protection: Protect your deck, patio, or garage floor from water, sauce, grease, and oil.

图 5-9

Measurement: Measuring 36 inches by 50 inches, this protective mat stays safely in place under your grill to collect any spills and splatters.

Friendly Material: Made of friendly PVC free fabric blend absorbs and collects liquids, stain resistant and durable waterproof backing prevents messes from soaking through to other surfaces, with a neutral charcoal color that looks great on any surface and with most grills

Easy to Clean: When ready to clean, simply rinse with soap and water or a garden hose.

Easy to Store: Easy to roll up for compact storage during the off season Neutral charcoal material looks great on any surface and with most grills

Surface Protection: Protect your deck, patio, or garage floor from water, sauce, grease, and oil.

可以看到，我们只是把每行的重点提炼出来，并把单词的首字母大写做出强调，并没有改动其他 Bullet Point。你可以对比一下，修改后的更清晰、明了。

3. 根据买家最关心的问题进行排序

假设你想在电商平台上购买一个手机壳，除了价格、图片，你会先找到最关注的产品信息。例如，这个手机壳是否适配你的 iPhone 7、这个手机壳是否是你想要的软壳或者这个手机壳是否享受 7 天无理由退货政策。假设你所关心的这些重点都不在显眼的位置，甚至找不到，你就会关掉当前浏览的产品网页，继续寻找下一个适合你的产品。

我们要站在买家的角度思考：哪些才是买家真正关注的问题。怎么找到买家真正关注的问题与 4.4.1 节类似。我们可以从产品卖点、售后、Review 和 QA 中获取买家真正关注的问题，再根据买家提出问题的次数对问题进行排序，把买家反映最多的问题放在第一位。图 5-10 为某烤肉垫的 Bullet Point，我们通过 Review 和 QA 的收集得知，买家反映的问题主要为以下几点：

（1）烤肉垫是否容易清洁。

（2）烤肉垫在重复使用后是否容易坏。

（3）有没有退货保障。

- NEW SPRING SALE PRICE! The Kona Copper BBQ Grill Mat is the gold standard grill mat with improved grill lines and easy cleanup. Stock up now and save a bundle with our year end Kona grill and baking mat sale. These grill accessories are unique bbq gifts men & barbecue lovers truly enjoy.
- FAR MORE SUPERIOR than other grill mats. The one and only 600 DEGREE Peak Temperature PFOA free BBQ grill and smoke mat.
- KONA COPPER IS LEAN AND MEAN at 0.30mm and now with a stronger more durable core. That is 3X Thicker Than Yoshi grill mat and 1.5X Thicker Than Miracle grill mat. Kona non stick grill mats can be used over 1,000 uses per side, that's 50 times more uses than ordinary grilling mats, and why they are used by top amateur grillmasters and professional chefs worldwide.
- CLEANLY & EASILY grill the juiciest steaks, smoke the tenderest chicken and sautee the thinnest cut vegetables with ease. Forget grill baskets and other accessories! These mats also keep your Weber, Traeger, Char Broil, Kamado, steak grilling pan, etc. looking shiny new.
- BEST OF ALL you automatically get our "No Hassle" 7 year Kona grilling accessories guarantee, which even covers accidental overheating. Scroll down to "Special Offers And Promotions" to save even more money on todays purchase. Then, click "Add to Cart" now!

图 5-10

我们可以把图 5-10 中的第四点"CLEANLY & EASILY"提到第一位，增加"烤肉垫在重复使用后是否容易坏"的描述为第二点，增加买家第三关心的"退货保障"为第三点，剩下两点可以写产品的特性或者材质，可以修改成以下内容：

Easy to Clean: grill the juiciest steaks, smoke the tenderest chicken and sautee the thinnest cut vegetables with ease.

Multiple Use: Strong material than you use in multiple times.

Warranty: 30 days replacement. Please contact us if you need one.

Measurement: 16.5L×11.5W.

Best of ALL: you automatically get our "No Hassle" 7 year Kona grilling accessories guarantee, which even covers accidental overheating.

总而言之，写出好的卖点需要注意以下三点：

（1）关键词可以适当嵌入 Bullet Point。

（2）总结每一行 Bullet Point 的中心思想，并用短语概括。

（3）根据买家关注的问题对 Bullet Point 进行排序。

5.2 如何写好产品长描述（description）

亚马逊的产品长描述位于"Compare with similar items"（与类似的产品比较）的下面，如图 5-11 所示。

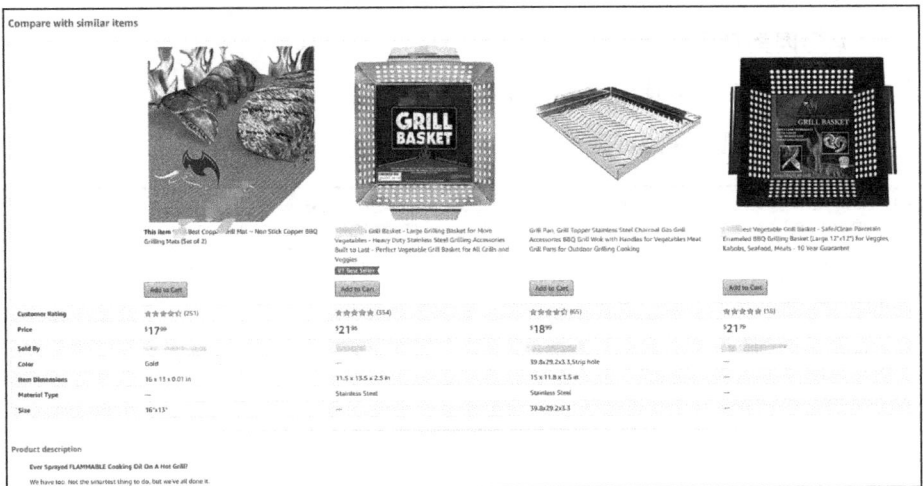

图 5-11

产品长描述是对 Bullet Point 的补充，可以让买家更全面地了解产品信息。产品长描述的权重稍低于 Bullet Point，所以有些卖家会忽视产品长描述，把产品长描述写得很简单，甚至不写产品长描述，如图 5-12 和图 5-13 所示。

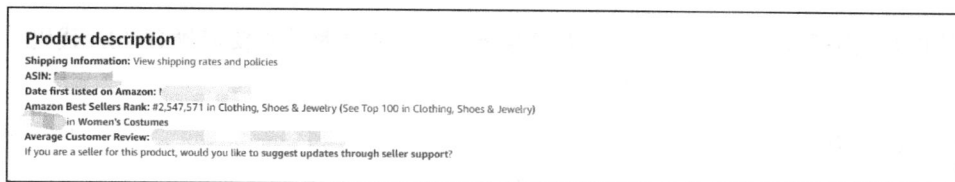

图 5-12

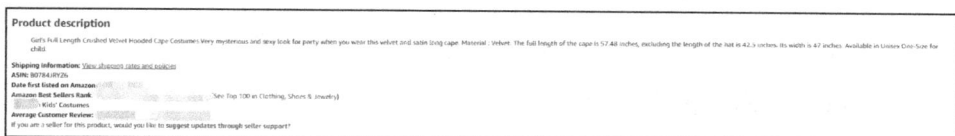

图 5-13

在科技迅速发展的今天，买家越来越依赖手机购物，而很少再使用 PC 端购物。在亚马逊的手机端上，产品长描述是放置在 Bullet Point 之前的，也就是说，如果一个买家在手机端购买产品，首先看到的是产品长描述。如果我们的产品长描述写得过于简单或者不写，那么我们就失去了一个展示的机会。所以，产品长描述的权重不容轻视，我们要做好对产品长描述的优化。

1. 重视买家的阅读体验，注意版面的整洁

图 5-14 是亚马逊后台产品长描述的版面，从中可以看到，我们可以单击"Add More"（添加更多）选项增加 Bullet Point，而只能在一个空白的方框中填写 Description。

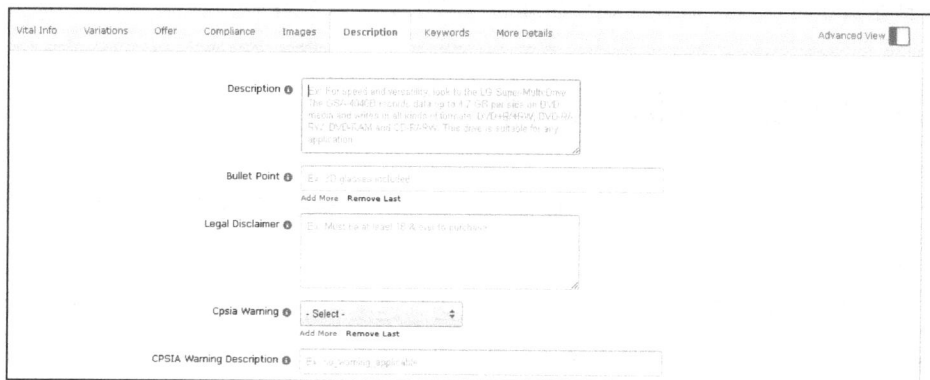

图 5-14

如果我们只是把产品长描述平铺上去，并不做排版，那么买家在页面上看到

的所有文字都会挤在一起，就没有兴趣读下去。版面整洁需要依赖 HTML 代码，我们需要熟悉以下几个常用的代码：

（1）换行：
。

换行代码用于对需要换行的段落换行。

（2）加粗：<b> </b>。

加粗代码用于把产品的重点加粗，从而抓住买家的眼球。

（3）段落标签：<p>内容</p>。

2. 嵌入关键词增加文本的相关性

与 Bullet Point 一样，我们可以在自己的产品长描述中适当地嵌入关键词，从而提高文本的相关性。

3. Bullet Point的延展补充

在 5.1 节中提到，对于 Bullet Point 来说，每行只可以写 100 个字符，像产品的详细参数、产品的使用说明等可以在产品长描述里做延展补充，让买家更清楚地知道产品信息，更有机会提高转化率。

那么，也许会有人问，产品长描述只可以用文字写吗?可以像淘宝那样插入图片，做到图文并茂，从而提高买家体验吗？其实你看到的这类像淘宝那样在详情页面插入图片的卖家可能是白金卖家、受邀进驻的大卖家或者品牌备案的卖家，只有他们才可以在产品长描述里添加图片（仅限美国站）。

5.3 图文版产品详情页面

上文提到，在产品长描述中插入图片只对白金卖家、受邀进驻的大卖家或者品牌备案的卖家开放。

要成为白金卖家有一个硬性的要求：必须连续三个月单个站点的月销售额在 30 万美元以上。受邀进驻的大卖家的条件是销量大。品牌备案的卖家门槛相对比较低，只要在美国站品牌备案成功后，就可以使用图文版产品详情页面（A+页面）实现产品长描述的图文并茂。

A+页面全称为 Enhanced Brand Content，你可以自行到亚马逊官网上查看相关内容，总结如下：

Enhanced Brand Content 的相关说明：Enhanced Brand Content（EBC）能够优化产品长描述。通过这个功能，我们可以在产品详情页面中添加品牌故事、图片和不同位置的文字展现，以提高转化率、流量以及销量。

开放对象：通过亚马逊品牌注册的专业卖家、新兴品牌所有者（如 Launchpad 和 Amazon Exclusives）。

A+页面的生效需要经过亚马逊审核，以下原因会导致审核不通过：

（1）图片的像素过低。

（2）图片带水印。

（3）包含电话号码、电子邮箱等联系信息。

（4）包含产品运输费用的相关信息，如包邮等。

（5）包含来自竞争对手或其他网站的评论。

（6）包含脏话等不雅用语。

下面是创建 A+页面的详细步骤：

（1）单击位于"Advertising"（广告）菜单下的第二个选项"Enhanced Brand Content"（品牌页面），如图 5-15 所示，进入 Enhanced Brand Content 的主页面。

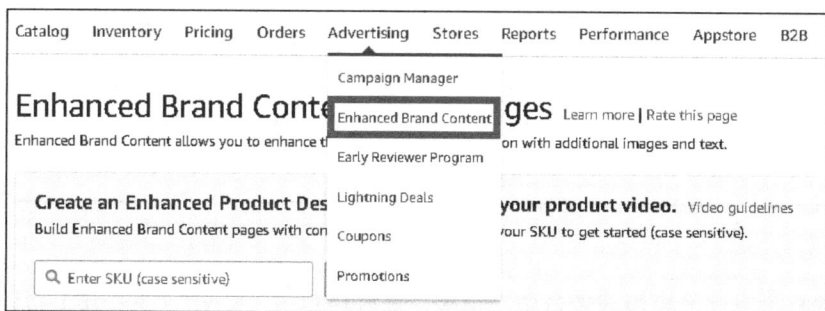

图 5-15

（2）在方框内输入想创建 Enhanced Brand Content 的 SKU，单击"Get Started"（开始）按钮，如图 5-16 所示。

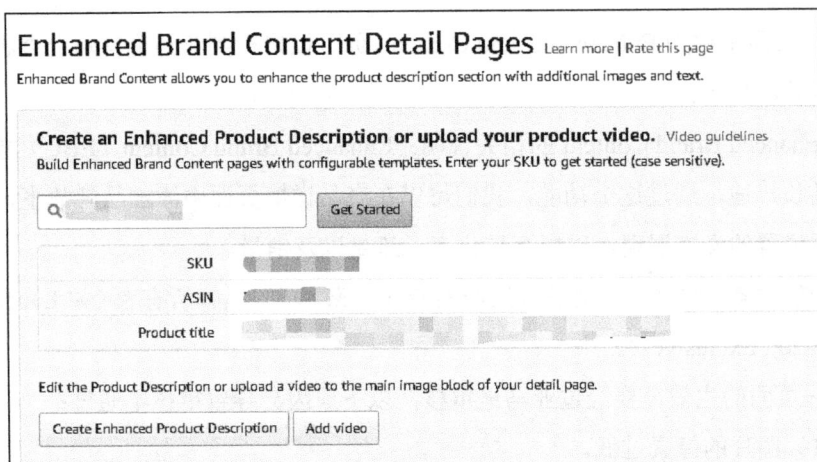

图 5-16

（3）页面跳转到创建 Enhanced Brand Content 的页面，如图 5-17 所示。

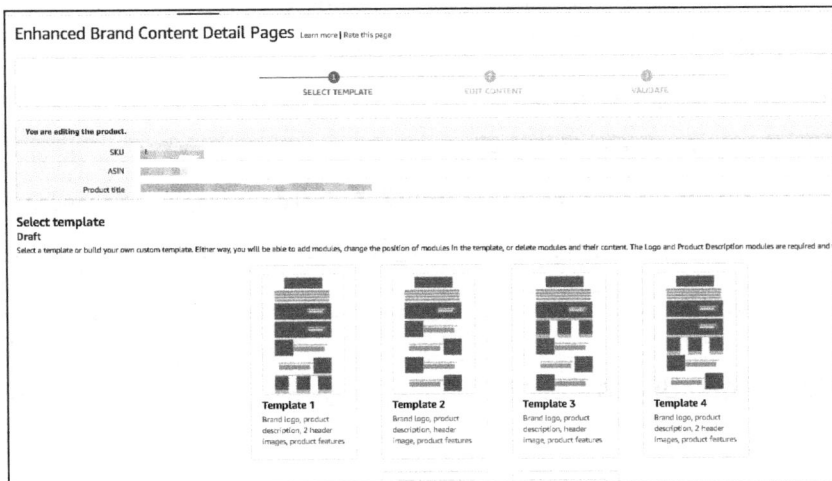

图 5-17

选择你喜欢的模板或者自定义模板，选好后单击"Next"（下一步）按钮，如图 5-18 所示。

（4）插入自己设计好的图片并进行编辑，在确认无误后，可以单击"Preview"（预览）按钮预览，如图 5-19 和图 5-20 所示。

图 5-18

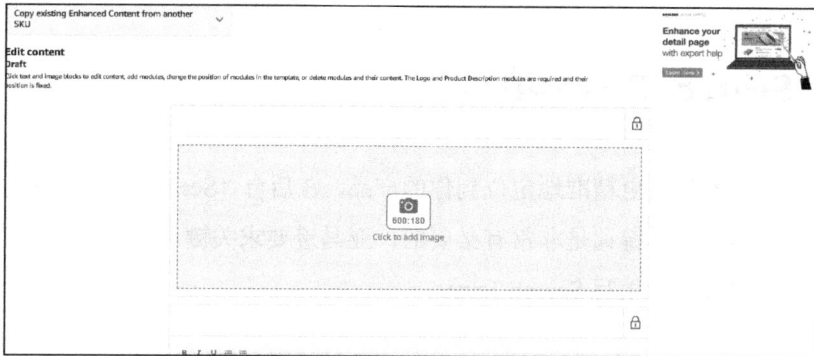

图 5-19

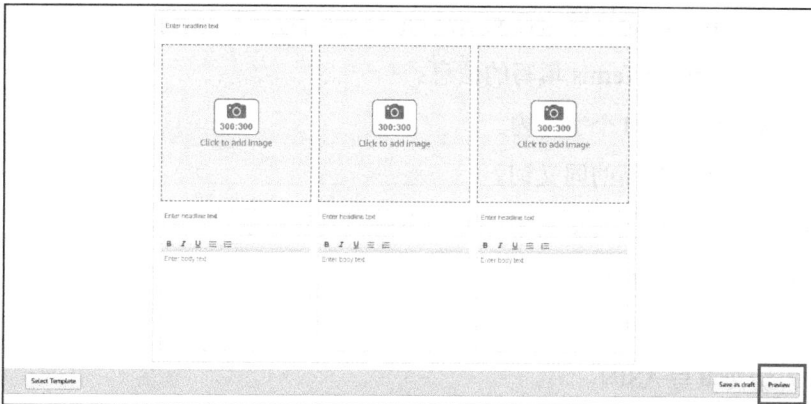

图 5-20

（5）在预览完后，单击"Submit"（提交）按钮即可，如图 5-21 所示。

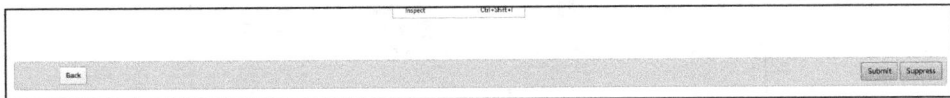

图 5-21

注意：

（1）亚马逊需要审核申请的 A+页面，审核周期是 7 个工作日内。

（2）不能批量申请 A+页面，每个页面需要单独申请。

（3）如果产品 A 的 A+页面和产品 B 的 A+页面一样，那么可以选择"Copy existing Enhanced Content from another SKU"（复制已有的 EBC 页面到另一个 SKU）快速复制 A+页面的详情页面。

5.4 Search Terms填写

为了让买家可以更精准地定位到你的产品，在后台"Search Terms"框中填写买家可能会搜索的关键词是非常有必要的。亚马逊要求关键词的长度短于 250 个字符，而且仅有一行填写 Search Terms。

5.4.1 如何填写 Search Terms 里的关键词

你可以先到亚马逊官网查阅对 Search Terms 的介绍，同时我们帮你简单地归纳了以下关于 Search Terms 填写的信息：

（1）长度要在 250 个字符内。

（2）可以填写产品的同义词。

（3）单复数只需要选填其中一种，不需要两者都填。

（4）切勿使用标点符号，如";""、"","""、":""，""-"。

（5）切勿重复填写关键词。

（6）切勿填写 ASIN。

（7）切勿填写"a""and""by""for""of""the""with"等词。

（8）切勿使用不雅用语。

图 5-22 为 Search Terms 在后台的位置。

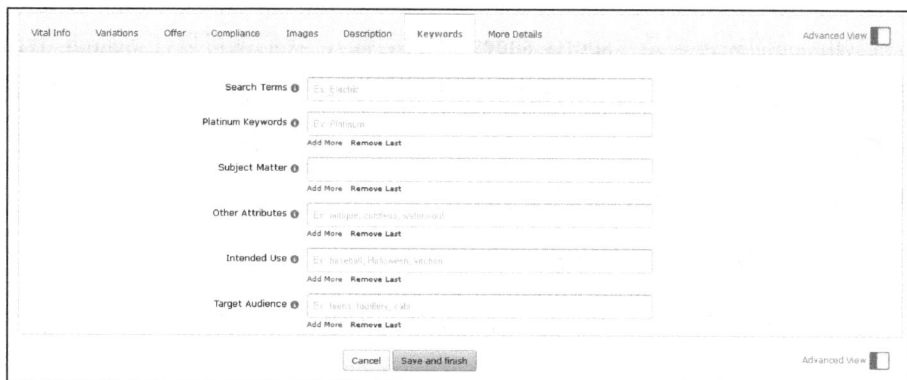

图 5-22

你可能会有一个疑问，在上网搜索的时候，关于 Search Terms 的填写要求一直在变化，有的信息显示 Search Terms 可以填写 5 行，有的信息显示 Search Terms 的字符限制为 1000 个等。其实这些信息都没有错。亚马逊对 Search Terms 的填写要求做出了很多变化，具体如下：

2017 年 1 月，Search Terms 的字符限制为 1000 个字符，第一行的权重最高。

2017 年 7 月，亚马逊只索引前 250 个字符。

2018 年 7 月，Search Terms 暂时成为一个不重要的排名因素。

2018 年 8 月，Search Terms 从 5 行减少到 1 行，且字符缩小到 250 个，又重新纳入排名的一个重要因素。

如果 Search Terms 不重要，亚马逊会一而再，再而三地修改相关政策吗？答案显而易见，所以我们要重视 Search Terms 的填写。

既然有了新的要求，而 Search Terms 的字符限制仅为 250 个字符，那么我们应该怎么填写呢？

1. 避免与标题重复的关键词

亚马逊官方建议，在 Search Terms 中填写的关键词要尽量与标题中的关键词错开。比如，标题中已经含有关键词 A，那么我们在 Search Terms 中就不要再填写关键词 A 了，可以填写其同义词或者关键词 A 的长尾词。

2. 用长尾词替代短语

已知产品的关键词是"sports shoes"（运动鞋），我们就可以在 Search Terms 中填写其对应的符合产品特性的长尾词。比如，产品受众是女性，产品颜色有白色、红色、黑色等。我们可以填写"white sports shoes for women"（白色女运动鞋）。这样可以让买家更好地找到我们的产品。

3. 不断优化Search Terms

Search Terms 不应该一成不变，我们应该定期根据市场调整 Search Terms。

4. 遵守亚马逊的规则

这点不用多说了，我们都清楚，你可以查看亚马逊官方对 Search Terms 的要求。

5.4.2　设置了 Search Terms 却找不到产品的原因

在 Search Terms 中设置了关键词，却在首页搜不到自己的 Listing。大多数卖家都会遇到这个问题。我们可以理解如下。

1. 设置的关键词与Listing的相关性不高

假设产品是白色女运动鞋，如果在 Search Terms 中填写了黑色女运动鞋，那么亚马逊会检测到此关键词和 Listing 的相关性不高，这个关键词的评分就会降低，会导致产品排名靠后或搜索不到。

2. Listing可能新增了差评

如果 Listing 收到差评而使得 Listing 的整体星级低于同行，那么也会影响排名情况。

3. Listing可能很久没有转化

Listing 如果长期处于一个低曝光量、低点击量、低转化率的状态，亚马逊就会默认这个 Listing 是一个没用的 Listing，这也使得排名受到影响。

6

第6章

请用 50%的时间优化站内广告

6.1　亚马逊站内广告为何如此重要

电商推广一般有以下四个途径：

（1）网络红人。

（2）Google Adwords。

（3）Facebook、Instagram 等新媒体推广。

（4）亚马逊站内广告。

我们投放广告最关心转化率和花费。从图 6-1 中可以看出，亚马逊的 CPC（Cost per Click，按点击付费）花费比 Google Adwords 的 CPC 花费有优势。

许多 Google Adwords 专家（如 Martin Sorrell）现在已经意识到亚马逊广告的有效性，转化率高达 10%。以下是来自 Yellowtail Marketing 的专家 Ryan Walsh 对 Google Adword 的转化率的表述："尽管谷歌的搜索产品购买意向看起来很高，但付费搜索转化率仍然只能在电子商务网站上平均徘徊在 2%左右，如果按广告系列划分，品牌搜索广告系列的转化率为 5%～10%，购物广告的转化率为 4%～8%，非品牌搜索广告的转化率为 1%～3%……在 Ad Badger，我们的用户在过去 4 个月中看到其赞助商产品广告的平均转化率为 10%。"

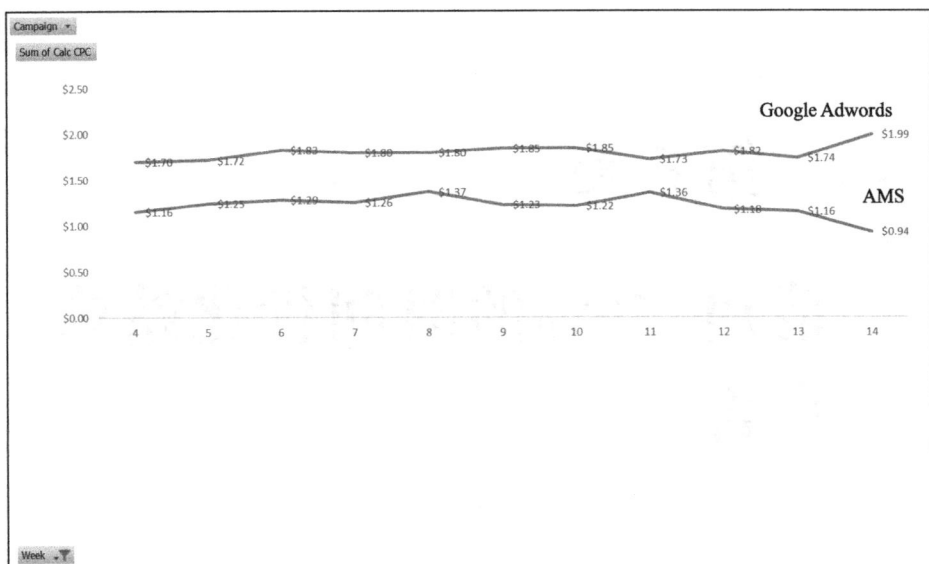

图 6-1

从上文可以清楚地得知，亚马逊广告的转化率比 Google Adwords 的转化率要高。所以，从今天起，请花 50%的时间做亚马逊站内广告！

6.2　亚马逊站内广告的分类

在竞争日趋激烈的今天，亚马逊市场早已过了靠自然流量就可以活得滋润的时代，在运营中我们要想取得好的业绩，主动推广已经成为必不可少的手段。

随着 AMS（Amazon Marketing Service，亚马逊营销服务）成为品牌投放广告的重点，了解各类广告的差异，学习如何利用策略挖掘广告的潜力非常重要。目前，亚马逊有三种站内广告类型，分别是付费广告（Sponsored Ads）、标题搜索广告（Headline Search Ads）、产品展示广告（Product Display Ads）。

付费广告：产品有 Buybox（购物车），而且是专业卖家，就可以做付费广告。所以，此类广告最广泛，适合推广产品，推广关键词。

标题搜索广告：你只要在亚马逊上备案了品牌，就可以做标题搜索广告。

产品展示广告：一般只有 VE（Vendor Express，亚马逊代销）或者 VC（Vendor Central，亚马逊供应商）账号才可以做此类广告。

6.3 亚马逊站内广告——付费广告

对于亚马逊卖家来说,亚马逊站内 CPC 付费广告绝对是引流的必备杀器,CPC 付费广告具有引进流量多而精准、点击成本不高、转化率相对较高的特点。

1. 亚马逊站内CPC付费广告的条件

（1）产品必须有 Buybox（购物车）才可以参加点击付费广告活动。

（2）必须是专业卖家（Professional Seller）。

（3）不要设置与自己的产品完全不相关的关键词,如果你卖电子类产品,却使用了珠宝类的关键词,那么亚马逊的系统可以自动识别并且将其屏蔽。

亚马逊付费广告出现的位置有两个,以关键词 Laptop 为例。

（1）我们在前台输入"Laptop"（笔记本电脑）,在搜索结果界面中出现的带有"Sponsored"（赞助）标志的就是付费广告产品,如图 6-2 所示。

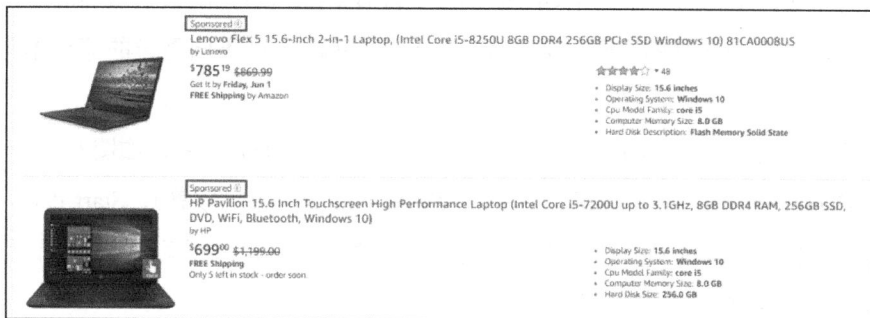

图 6-2

（2）单击任意一个 Listing,在产品界面稍下方写有 Sponsored products related to this item（与本项目有关的赞助产品）,这是付费广告的另一个位置,如图 6-3 所示。

图 6-3

2. 创建付费广告的操作步骤

（1）进入亚马逊后台，单击"ADVERTISING"→"Campaign Manager"，如图 6-4 所示。

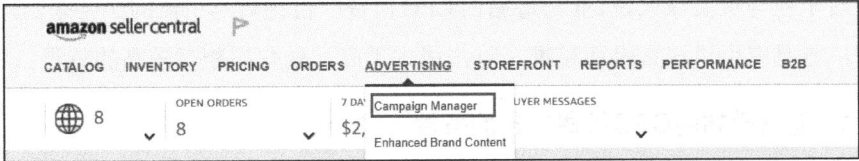

图 6-4

（2）在进入广告设置界面后就可以开始创建广告了。

在创建广告之前，我们先了解一下 Campaign（广告活动）和 Ad Group（广告组）的概念。这两者属于包含与被包含的关系，一个 Campaign 可以有几个 Ad Group，比如我们卖笔记本电脑，创建了一个叫 Laptop 的 Campaign，在这个 Campaign 下有两个品牌的电脑，一个是 A 牌，另一个是 B 牌。我们需要将它们分成两个 Ad Group，即 A 牌 Group（组）和 B 牌 Group。在每个 Group 中，我们又可以做几个产品的广告，如 A 牌 Group 可以做 A 牌不同型号的笔记本电脑广告。

首先，我们单击"Create Campaign"（创建广告活动）按钮，如图 6-5 所示，填写 Campaign name（广告活动名称）、Daily budget（每日预算）、Start date（开始时间）和 End data（结束时间），并选择广告类型（自动或手动，后文会详细介绍），如图 6-6 所示。

然后，创建 Ad Group，输入 Ad group name（广告组名称），一个 Group 可以选一个 SKU，也可以选多个 SKU，在选择完做广告的产品后，需要输入广告词的出价，可以先使用亚马逊的建议价，过一段时间再调整。最后，如果选择的 Campaign 类型是手动，那么会得到建议的关键词，可以选择其中的几个看看效果，也可以输入想要出价的关键词。如果选择的 Campaign 类型是自动，那么不需要添加关键词，如图 6-7 所示。在完成后，可以等一段时间，观察广告的效果。

图 6-5

图 6-6

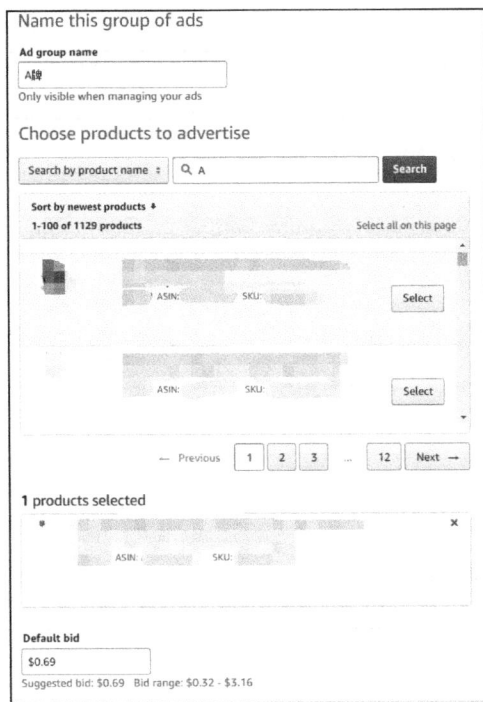

图 6-7

6.3.1 广告术语

Daily Budge：Campaign 的每日预算。如果超过了每日预算，广告就会自动停止运行。所以，你要每天关注预算的花费，不要让预算每天都不够。

Impression：广告曝光量。广告曝光量表示广告的买家搜索量。买家输入所需产品的关键词进行搜索，如果这个关键词恰好是我们设置的广告词，那么我们的广告将会出现在搜索界面，买家看到我们的产品的概率大大提高，这就给我们带来了相应的流量。因此，曝光量的数值意味着产品的广告流量。注意：不要用不相关的关键词引流，这样会降低点击率和转化率，得不偿失。

Click：广告的点击数。买家在看到我们的广告后点击广告，即记为一次点击。一个买家在 24 小时内的点击数算一次。当我们的广告出现在搜索界面，买家是否点击产品取决于主图、价格、Review、星级等因素。买家只有被广告展示的信息吸引，才会点击，从而产生购买行为。

Bid：关键词的出价。在一定范围内，出价越高广告位越靠前，但这是有一定限制的，广告位的排名也取决于 Listing 的质量。

CTR：点击率。CTR 全称为 Click Through Rate。计算公式为 CTR=Click/Impression。点击率反映了产品对买家的吸引程度，广告越吸引买家，点击率越高。换言之，如果一个产品的点击率低，那么你需要考虑如何优化主图、标题，甚至价格。

CPC：CPC 全称为 Cost Per Click，即按点击付费。CPC 的价格由第二名与第一名的出价，以及 Listing 的质量决定。

ACoS：ACoS 全称为 Advertising Cost of Sale，即广告的花费和广告的销售收入的比例，是投入产出比的体现。计算公式为 ACoS=广告的花费/广告的销售收入。举个例子，你花了 30 元的广告费，最后卖出了 100 元的产品，那么 ACoS 就等于 30%，在保持一定的销售额的情况下，ACoS 越低越好，这说明你的投入产出比很高。从赢利的角度上考虑，ACoS 应该小于或等于产品的毛利率，如果 ACoS 过高，说明广告带来了亏损。当然，在产品不同阶段我们对 ACoS 的期许也不同，产品初期我们主要为了促进排名，在这一阶段 ACoS 较高也是可以接受的。

Conversion Rate：转化率，简称 CR，是广告订单数和点击数的比值，代表产品的表现。计算公式为 CR=Order/Click。转化率可以说是产品在亚马逊排名的一个核心因素，这个因素的决定因素是产品详情页面，转化率高说明 Listing 表现很好，转化率低说明 Listing 的产品详情页面需要不断优化。

广告销量占比：即广告带来的销量和总销量的比值。

请你思考下面的两个问题：

1. 已知一个产品已有 200 条评论，星级为 4.5，它的同类竞品的平均评论数为 100 条，平均星级为 4.0。这个新品已经排在广告首页的第一位，但是通过销量数据，得知它的表现低于市场平均水平，请写出最可能的原因。

答案：

价格、图片。

2. 对于一个表现稳定的产品，我们如何评判 Campaign 的表现？（以下四个数据按重要性排名）

（1）Impression。

（2）ACoS。

（3）CR。

（4）CTR。

答案：

CR>CTR>Impression>ACoS

首先，转化为王，所以 CR 排第一。其次，CTR 可以检验你的广告词是否精准，空有 Impression，但 CTR 低是不行的。再次，你要想办法提高 Impression。最后才考虑 ACoS。

6.3.2　亚马逊付费广告剖析

1. 亚马逊付费广告的种类

下面介绍亚马逊付费广告的种类，亚马逊付费广告分为自动广告和手动广告。这两种类型对于我们日常运营都必不可少。自动广告在前期测词尤为重要，手动广告在后期广告的精准投放上发挥了不可忽视的作用。以下是对自动广告和手动广告的详细介绍。

1）自动广告

上文我们已经介绍了付费广告的创建过程，在创建过程中，我们会遇到广告类型的选择——手动或者自动。在新品刚开始销售的初期，如果我们不知道如何设置关键词，那么可以选择为这个产品做自动广告。

创建自动广告的过程很简单，只需要选择 SKU，设定广告词出价，就完成了，如图 6-8 所示。在自动广告开启后，亚马逊会根据 Listing 匹配最适合的关键词去投放广告。

2）手动广告

亚马逊官方对手动广告的释义如下：

"Your ads appear when a customer's search matched keywords that you provide."（当客户的搜索与您提供的关键词匹配时，您的广告就会展示。）

从官方释义中可以看出，手动广告围绕的是"Keywords"（关键词）。

当买家使用你设置的关键词进行搜索时，你的 Listing 才有机会展现在买家眼前，而且你还要考虑关键词匹配方式的选择。自动广告设置简单，省时省心，但是有很大的弊端：虽然自动广告的曝光量大，但是转化率很低，ACoS 自然就很高。在运营中，我们常常会考虑投入产出比。手动广告相对可控，你可以设置想添加的关键词，并给出出价，买家只有在搜索你设置的关键词时，产品才会出现在搜索页面。这在很大程度上降低了一些不必要的词的花费，从而降低了广告成本。

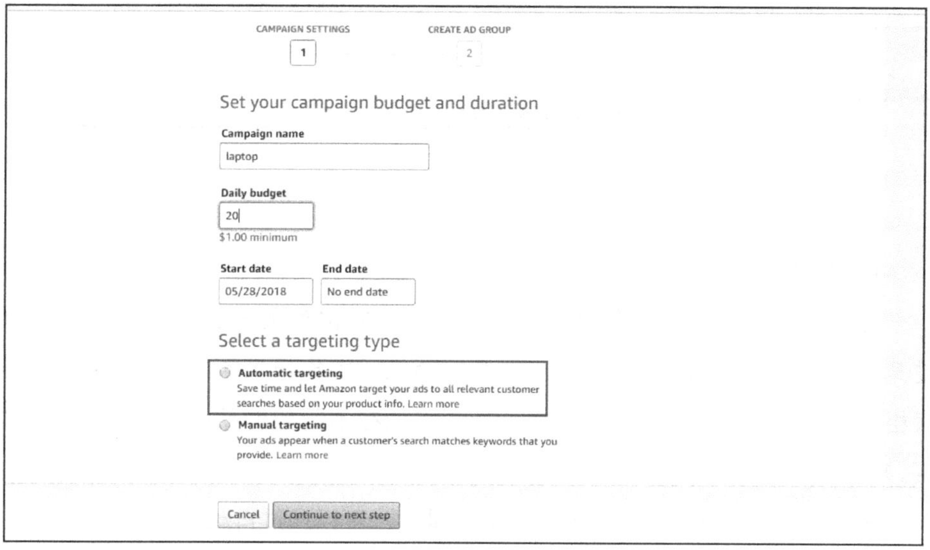

图 6-8

2. 自动广告和手动广告的作用与设置方法

我们不可以只做手动广告，当你不知道用哪些关键词的时候，自动广告可以发挥很大的作用——筛选关键词。我们可以运用自动广告筛选关键词，再把从自动广告中挑出来的关键词作为手动广告的词来源。

做手动广告的前提为有 Buybox。如果没有 Buybox，Listing 就无法投放广告。

做手动广告的步骤为按照提示填写广告名称、每日预算、广告时间，选择投放广告的方式，添加关键词。

注意：一个 Campaign 下可以有多个 Ad Group。一个 Ad Group 可以设置多个关键词，而同一个 Ad Group 下关键词是通用的。如果是同一个产品，可以放在同一个 Ad Group 中，但如果有一些参数有差异或者完全不同，那么就要用不同的 Ad Group 或者 Campaign 区分。

3. 自动广告和手动广告的差异

亚马逊站内广告两种投放方式的差异如图 6-9 所示。

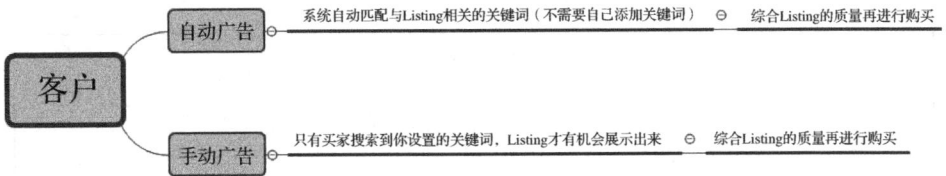

图 6-9

1）自动广告

自动广告通常在相关的 Listing 详情页的中间位置优先展示，其流量主要通过其他相关的 Listing 页面引入。（亚马逊会在有销售记录的产品页面中，将卖家相关的产品尽可能地推荐给买家，让买家能在不同的产品中选择最适合的购买。）

优势：不需要自己添加关键词，曝光量大，可以通过自动广告找到打手动广告的关键词。

劣势：针对性不强，转化率低，ACoS 高，费用较高。

2）手动广告

手动广告在投放过程中根据设置的关键词曝光和引流，因此关键词至关重要。当你的广告关键词在买家使用的搜索词中出现时，搜索结果页面才有可能展示你的 Listing。

优势：针对性强，转化率比自动广告高。

劣势：需要自己添加关键词。

最后，我们总结一下做广告的步骤，如图 6-10 所示。

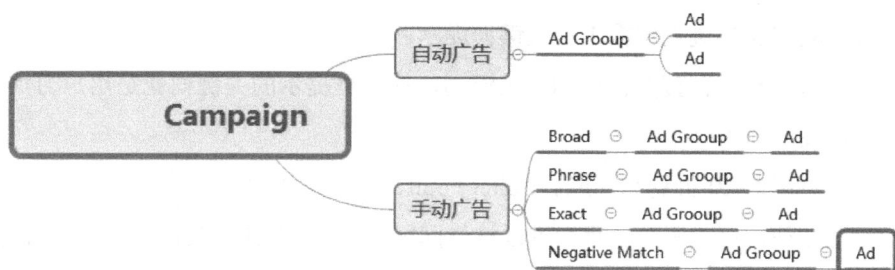

图 6-10

你在做了一段时间的广告后，为了节约广告成本，减少垃圾流量，可能想只开手动广告，关掉自动广告，但是我们建议不要关掉自动广告，因为做广告的目的是增加产品的流量，而自动广告是优先展示在别的 Listing 详情页内的广告推荐位的，并且定期下载广告报告可以筛选出转化率高的关键词，将这些关键词放入手动广告，可以获得更多的精准流量。另外，对于新品，你可以在新品期先开一周左右的自动广告，然后下载广告报告分析，将转化率高的关键词放入手动广告，这时可以降低自动广告的预算，提升手动广告的预算。

6.3.3 如何做广告

上文已经阐述了自动广告和手动广告的区别，下文旨在教你如何做广告，包括广告关键词的来源、广告关键词的匹配方式、如何选择合适的匹配方式和广告出价。

1. 广告关键词的来源

手动广告离不开关键词。关键词可以用以下的方法寻找。

1）先从站内来说

（1）善用自动广告报告。

在不清楚用什么关键词的前提下，可以用自动广告查看要推广的产品可以用什么关键词。

（2）善用手动广告报告。

从手动广告报告中可以看出具体词的曝光量、点击数、转化率、ACoS 等。

（3）利用亚马逊搜索框中的关键词提示。

我们可以直接在搜索框中输入关键词，搜索框提示的关键词就是用户习惯搜索的，如图 6-11 所示。

（4）利用前 20 页竞品标题、Bullet Point、产品长描述。

知己知彼，百战不殆。我们可以搜集同行的标题、Bullet Point、产品长描述，把它们写到一个 Excel 里，再用文云生成器查看出现频率最高的词。

2）从站外工具来说

（1）Google Adwords。

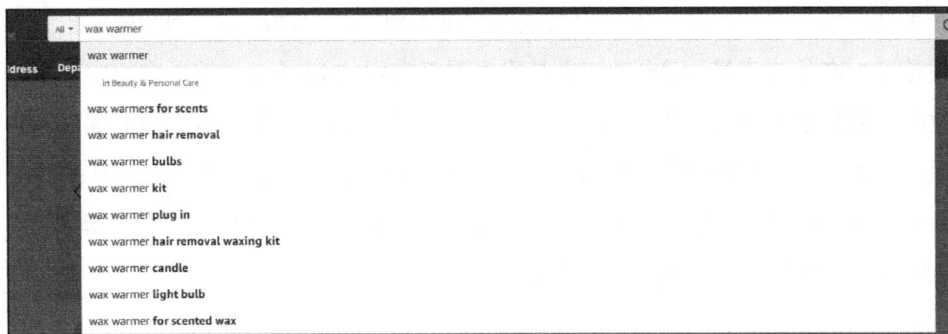

图 6-11

优点：可以评估亚马逊关键词的搜索热度。

缺点：88 美元/月，主要内容为 Google 的搜索热度、Google Trend 及 Google 的 CPC 广告价格。

（2）Keyword Tool。

优点：可以根据自己的需求修改搜索条件，批量查询关键词。

缺点：主要针对 Google 的搜索。

（3）MerchantWords，如图 6-12 所示。

优点：主要针对亚马逊的搜索，可以查询关键词所在类目的搜索量情况。对于不同的站点，只需要按对应国家的图标便可显示其国家的热搜词。

缺点：30 美元/月。

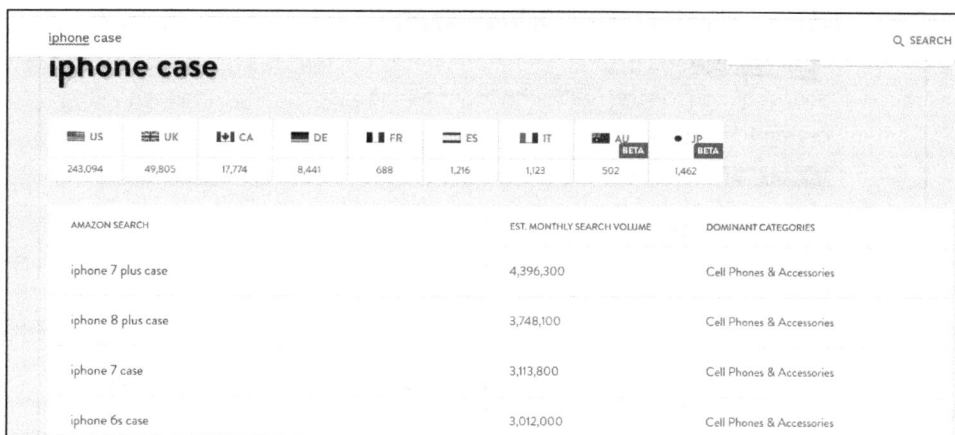

图 6-12

（4）Scientific Seller。

优点：无须注册。

缺点：比较慢，不知道关键词什么时候搜索完毕。

（5）sonar-tool，如图 6-13 所示。

优点：可以查关键词、拓展词，查看具体产品广告用什么词。

缺点：需要付费，但可以免费试用 14 天。

图 6-13

（6）KeywordSpy，如图 6-14 所示。

优点：可以看到 CPC 的价格、每月搜索热度。

缺点：界面看起来烦琐。

广告词添加注意事项："/" "%" 等符号不能添加到关键词。

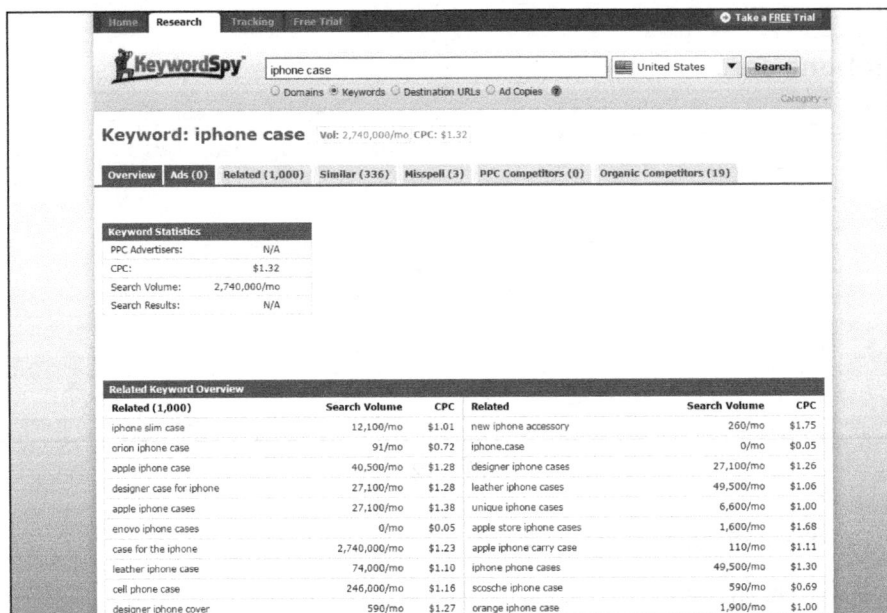

图 6-14

2. 广告关键词的匹配方式

手动广告有三种匹配方式，分别是 Broad（广泛匹配）、Phrase（词组匹配）、Exact（精准匹配）。

1）Broad

Broad 是指在买家搜索的关键词中只有少数和你的产品匹配或与其有关联性。

优点：曝光量大；受众群体较广，可以挖掘潜在买家。

缺点：转化率较低；ACoS 可能会高。

例如：

Keyword: Coffee Cup（咖啡杯）。

Customer Search Terms: Cup（杯子）。

2）Phrase

Phrase 是指在买家搜索的关键词中只有部分匹配。关键词词组不能被打散，单复数可识别。

优点：曝光量比 Exact 大。

缺点：精准度没有 Exact 高。

例如：

Keyword: Coffee Cup。

Customer Search Terms: Black Coffee Cup（黑色咖啡杯）。

3）Exact

Exact 是指买家搜索的词和你设置的关键词完全一致才能匹配，可识别单复数、ing。

优点：精准度高。

缺点：曝光量小。

例如：

Keyword: Coffee Cup。

Customer Search Terms: Coffee Cups。

请思考以下问题：

以 Lady Dress 为关键词，请根据下列词填写对应的匹配方式：

Lady Dresses、Lady Dress Yellow、Black Lady Dress、Lady Black Dress、Dress、Lady Dress

Broad:

Phrase:

Exact:

答案：

Broad: Lady Dresses、Lady Dress Yellow、Black Lady Dress、Lady Black Dress、Dress、Lady Dress

Phrase: Lady Dresses、Lady Dress Yellow、Black Lady Dress、Lady Dress

Exact: Lady Dresses、Lady Dress

---

3. 如何选择合适的匹配方式

上文介绍了三种匹配方式，下面有三种方法供你参考如何选择合适的匹配方式。

（1）把选好的关键词都分别以 Broad、Phrase 和 Exact 的方式匹配。每天观察各个关键词的曝光量、点击率、转化率和 ACoS。根据各个指标衡量哪些关键词适合哪个匹配方式。

优点：比较省心，不用测词。

缺点：花费比较高。

（2）先把选好的关键词以 Broad 的方式匹配。经过自己设定的周期，下载报告，把有转化的关键词以 Phrase 的方式匹配。最后，再把有转化的关键词以 Exact 的方式匹配。

优点：广告词会越来越精准。

缺点：耗时长。

（3）把大词、热词以 Broad 的方式匹配，把长尾词以 Exact 的方式匹配。

优点：无须测词。

缺点：需要选择什么关键词以 Broad 的方式匹配，什么关键词以 Exact 的方式匹配。

你可以根据自己的产品尝试使用以上三种方法，在找到适合自己的方法后可以全面实行。

4. 广告出价

在广告投放中，你要关注三个指标，分别是点击率、转化率和 ACoS。ACoS 是广告做得好不好的一个重要指标。

从广告排名的排序来说，其实广告排名与搜索排名类似。搜索排名由销量、转化率决定，而广告排名由 Listing 的质量和 Bid 的出价决定。

这里我们再引入 ACoS。ACoS 是广告的花费与广告的销售收入的比例。从公式中可以看出，产品单价和广告出价直接影响 ACoS 的高低。假设你的新产品的客单价很低，ACoS 很难控制在小的百分比内，这时候你就要考虑 ACoS 是否在自己设定的利润范围内。

以 Garden Hose 为例，展示如何出价。从图 6-15 中可以看出，Suggested bid（建议出价）是 1.22 美元。大多数人会选择以高于出价范围的两倍出价，即 2.44 美元。这里提醒你，并不是出价越高就越有优势，广告展位的排序由 Bid 出价和 Listing 的质量共同决定。你的出价可以比建议出价的金额稍微高 0.5~1 美元，再去前台搜索这个词，看它是否能排在你预想的广告位置。小提示：很多人会出价 2.50 美元，你的出价可以精确到小数点后两位，即 2.51 美元。如果一个关键词的出价远远高于其他关键词，那么你可以把它以 Broad 的方式匹配或暂停放到 "Negative Keywords"（否定关键词）。

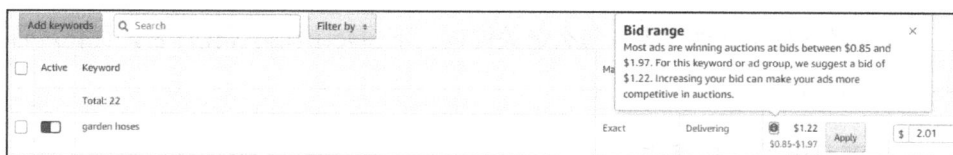

图 6-15

Suggested bid（建议出价）的官方释义如下：

Suggested bid and bid range are calculated from a group of winning bids for ads that are similar to yours. You can choose to use the suggested bid, or any bid in or outside of the bid range.

建议出价和出价范围，是从与你的广告类似的广告组的获胜出价中计算出来的。你可以选择使用建议出价或出价范围以外的任何出价。

Bid range（出价范围）的官方释义如下：

Most ads are winning auctions at bids between $0.85 and $1.97. For this keyword or ad group, we suggest a bid of $1.22. Increasing your bid can make your ads more competitive in auctions.

大多数广告的出价为 0.85～1.97 美元。对于图 6-15 的关键词，我们建议出价 1.22 美元。提高出价可以使你的广告在拍卖中更具竞争力。

请思考下面的问题：

亚马逊的广告模式为付费点击模式，每次点击会收取一定的费用，在多次点击后平台会给出平均点击费用（CPC）。请用中文或英文公式说明 ACoS 与转化率、产品单价的关系，然后说明 ACoS 是越高越好还是越低越好？

答案：

越低越好。ACoS=广告的花费/广告的销售收入。假设一个产品的单价为 40 美元。广告的花费为 20 美元，那么 ACoS 就等于 20/40=50%。广告的花费已经占了这个产品售价的 50%。再加上产品的成本、FBA 的费用、FBA 佣金、运费等，这个产品是赚还是亏呢？只有把广告的花费控制好，这个产品才能赚钱。

6.3.4 如何优化广告

前文都在说怎么做广告、怎么选关键词。下面介绍如何优化广告，优化广告要从广告报告开始。

1. 亚马逊的广告报告

站内广告有 5 种广告报告提供下载，分别是 Sponsored Products Search Terms Report（付费广告搜索词报告）、Sponsored Products Advertised Product Report（付费广告已推广的商品报告）、 Sponsored Products Placement Report（付费广告投放报告）、Sponsored Products Purchased Product Report（付费广告已购买商品报告） 、Sponsored Products Performance Over Time Report（付费广告按时间查看业绩报告）。

下载路径如下：

（1）"ADVERTISING" → "Campaign Manager" → "Advertising reports"，如图 6-16 所示。你可以根据自己的需要选择下载相应的报告。

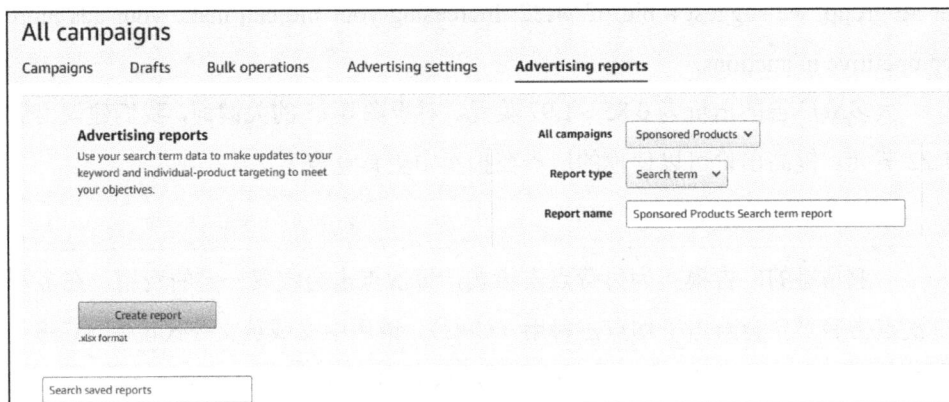

图 6-16

（2）"Report" → "Advertising reports"，你可以根据自己的需要选择下载相应的报告。

下面分别讲解各个报告的官方释义和用处。

1）Sponsored Products Search Terms Report

【官方释义】

"Use your Search Terms data to make updates to your keywords that can positively impact campaign performance."

（使用您的搜索词数据更新您的关键词，从而对广告效果产生积极影响。）

这是一份关键词报告，在表格中可以清晰地看到你设置的关键词是什么，对应什么匹配方式，Customer Search Terms 是什么，对应词的曝光量、点击率、ACoS。

Customer Search Terms 可以用在标题、Search Terms 和广告词中。

2）Sponsored Products Advertised Product Report

【官方释义】

"Use the advertised product Report to check on product visibility and sales."

（使用广告产品报告检查产品可见性和销售情况。）

从该报告中可以看到具体 SKU 的广告出单情况。

3）Sponsored Products Placement Report

【官方释义】

"Use the placement report to get better insight into your performance across different placement types, on and off Amazon."

（使用展示位置报告可以更好地了解亚马逊内外各种展示位置类型的效果。）

可以查看具体的广告投放位置和是否在广告位置。

4）Sponsored Products Purchased Product Report

【官方释义】

"Use the purchased product report to find new advertising opportunities and get insight into what shoppers are buying."

（使用购买的产品报告查找新的广告机会，并深入了解买家的购买情况。）

可以查看具体的 ASIN 是否有通过广告售出的订单。

5）Sponsored Products Performance Over Time Report

【官方释义】

"This report summarizes your clicks and spend over a specified time period."

（此报告总结了买家在指定时间段内的点击次数和支出。）

可以查看某段时间内的点击数、每点击花费和广告的投入产出比。该报告有点鸡肋，因为在后台路径"Advertising"→"Campaign Manager"中就可以看到该报告。

2. 如何进一步优化广告

上面介绍了 5 种亚马逊广告报告，下面着重介绍 Sponsored Products Search Terms Report。

为什么"Customer Search Terms"（客户搜索关键词）这栏会有"ASIN"或者"*"？如图 6-17 所示。

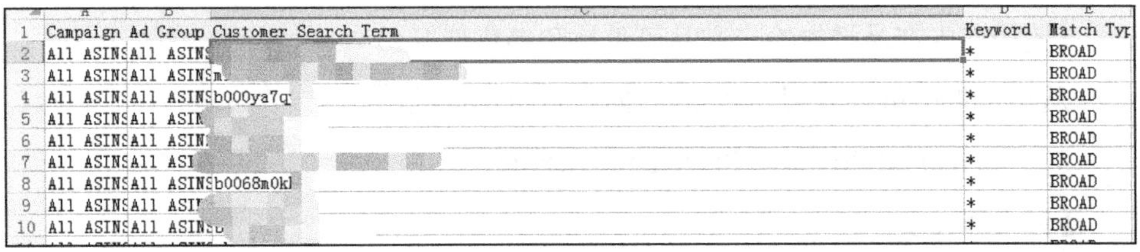

图 6-17

出现"*"的原因是该广告组做了自动广告，前面已经说过，对于自动广告来说，我们只需要把想做广告的产品加入自动广告即可，无须关键词。

我们可以发现，在广告报告中还出现了 ASIN，如图 6-18 所示。

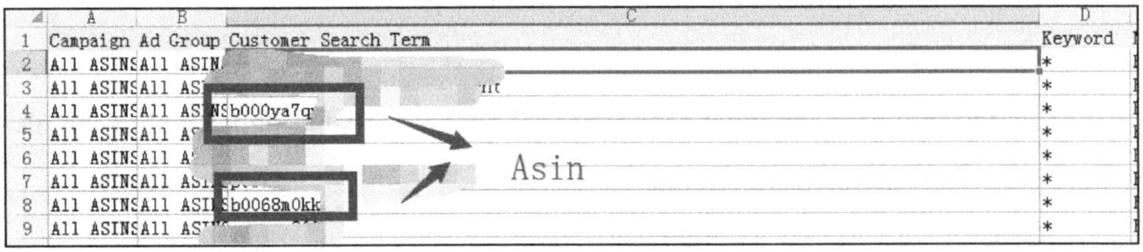

图 6-18

出现 ASIN 的原因是，买家在浏览该 ASIN 的页面时，从中间的 Sponsored Product 中看到了你的产品，并产生了点击。你可以打开此 ASIN，看看与自己的产品是否相同，如果产品相同，那么你可以看看标题、Bullet Point、图片、产品长描述、价格等有哪些值得学习。

上面说的是自动广告报告的数据怎么运用，下面介绍如何利用手动广告的数据优化广告。

1）有转化的关键词

去前台查一下该关键词是否与自己的产品相符，是否可以保留该关键词作为广告词；如果该关键词的 ACoS 大那么要去对应的广告组调整出价，比如现在出 5 美元排到了首页的第一位，我们可以看看出 4 美元是不是也能排到首页的第一位，一直出到最低价而且也能排到首页的第一位为止。如果排第一位的价格太高，我们就要衡量该出价是否值得。

2）没有转化的关键词

筛选掉曝光量和点击率数值中各自最高的 5% 与最低的 5% 对应的关键词，再逐一查看每个关键词。

对于曝光量高、点击率低的关键词，我们要去前台看看这个关键词是否合适；再看看与同行有什么差别，是出价太高、图片不好看还是评论星级不够高等问题导致没有转化。

对于点击率高、曝光量低的关键词，我们要去前台看有没有排到广告位置，如果没有就去对应的广告组那里调整出价。

Negative Keywords 的官方释义如下：

"Negative keywords are used to prevent your ad from showing when people search using those words. When keywords are added you can choose if they apply to the campaign or the ad group."

（否定关键词用于防止你的广告在用户使用这些关键词进行搜索时显示。在添加关键词后，你可以选择是否将其应用于广告系列或广告组。）

我相信你很少使用 Negative Keywords，下面介绍 Negative Keywords 的用法。

（1）在自动广告里，对于高曝光量、高点击率但是没有转化的词语，我们可以以 Exact 的匹配方式添加到 Negative Keywords 中。

（2）我们可以把非自己产品的品牌名以 Phrase 的匹配方式添加到 Negative Keywords，从而阻止那些想买特定品牌的买家。

对于以上两种用法，你如果能好好运用，就可以在很大程度上降低 ACoS，提高转化率和点击率。

6.4 亚马逊站内广告——标题搜索广告

标题搜索广告最初只开放给 VC 和 VE 卖家，现在已经对所有品牌卖家开放，标题搜索广告出现的位置是在所有关键词搜索结果的最上方、搜索框的正下方。在亚马逊页面中标题搜索广告横向覆盖面积占到了整个页面的 4/5，所占位置之大是所有其他广告位没有的。这可以最大限度地扩大卖家的品牌知名度。综合来说，标题搜索广告有 3 个优点，分别为针对性强、最醒目、关键词匹配精准。

1. 打标题搜索广告的具体要求

（1）拥有一个有效且信誉良好的亚马逊账号。

（2）能够发货到美国各地。

（3）要提供有效的信用卡。

（4）要推广的产品属于适用分类。

（5）要推广的产品为全新产品。

2. 标题搜索广告的展示位置

如图 6-19 所示，在这个位置放置的广告是显而易见的，买家在搜索需求产品时首先看到的便是这个大广告，它可以极大地吸引买家的注意力，提高推广产品和品牌的知名度。

图 6-19

3. 标题搜索广告的创建步骤

（1）进入广告后台，单击"Headline Search Ads"（标题搜索广告）选项，如图 6-20 所示。

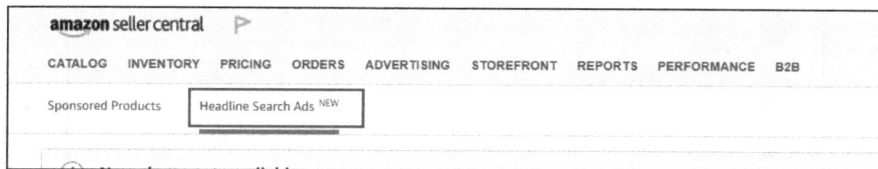

图 6-20

（2）单击"Create Campaign"按钮，开始创建标题搜索广告，如图 6-21 所示。

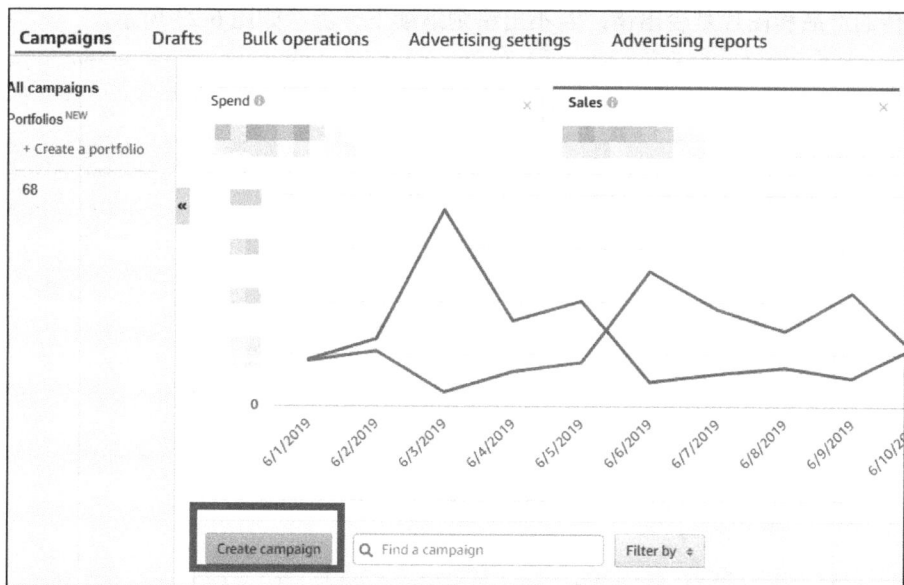

图 6-21

① 选择要打广告的品牌，然后再选择需要推广的三个产品（规定是 3 个），如图 6-22 所示。

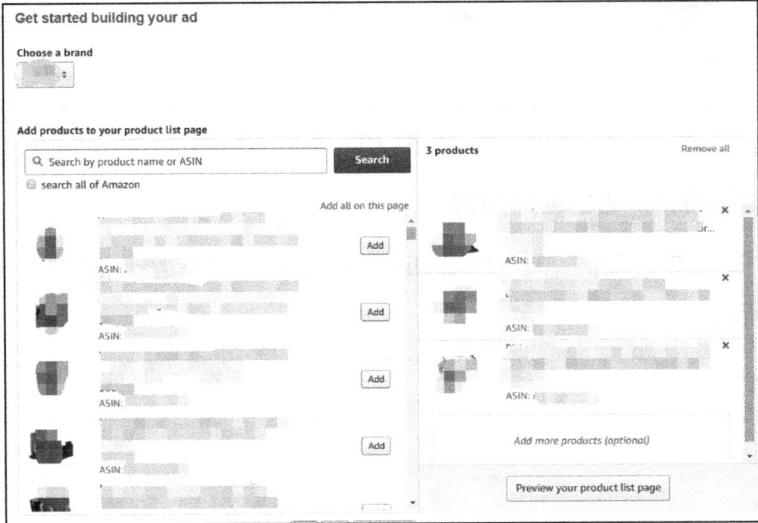

图 6-22

② 填写广告宣传语，它将会出现在标题搜索广告中。上传品牌 Logo，检查宣传的产品和图片是否出错，若不出错则继续下一步，如图 6-23 所示。

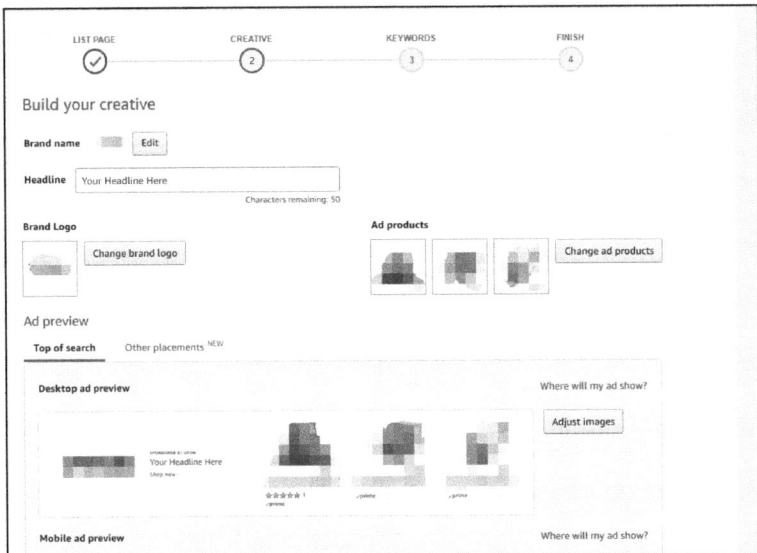

图 6-23

③ 需要设置广告的关键词和出价，在成功之后就可以提交了，最后再设置广告组的名称和每日预算，如图 6-24 所示。

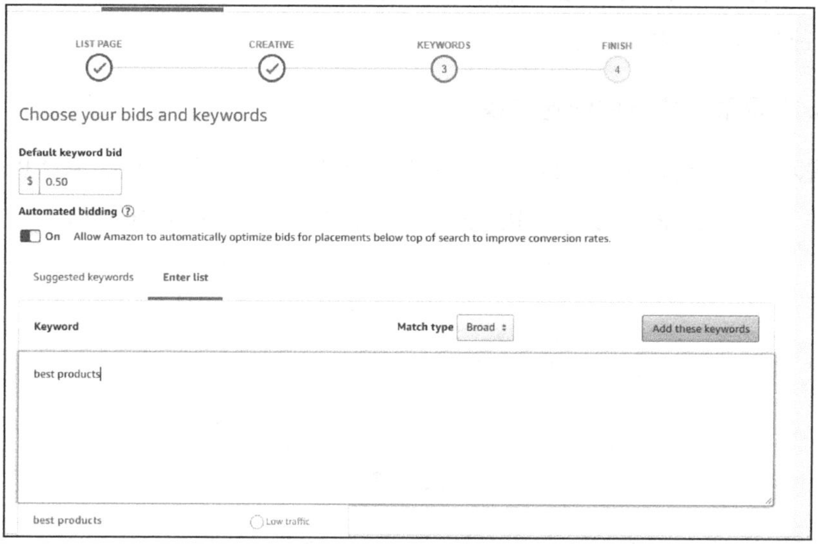

图 6-24

④ 在提交后，亚马逊会在 48 小时内审核你的标题搜索广告。

6.5　亚马逊站内广告——产品展示广告

产品展示广告可以宣传个别产品，如图 6-25 所示。

图 6-25

1. 打产品展示广告的具体要求

产品展示广告与付费广告比较相似，但更突出品牌，而不突出广告。

2. 产品展示广告的展示位置

产品展示广告会显示在详情页面中购买框右下方，在"Frequently Bought Together"（关联营销）上面。

3. 产品展示广告的创建步骤

进入广告后台，单击"Product Display Ads"（产品展示广告），从"Product"（产品）和"Interest"（爱好）中选择你要的定位方式，如图 6-26 所示。

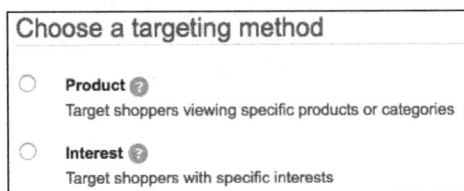

Choose a targeting method

○ **Product** ❓
Target shoppers viewing specific products or categories

○ **Interest** ❓
Target shoppers with specific interests

图 6-26

这两种定位方式最基本的区别是 Interest 主要根据购物行为定位广告，可以覆盖更广泛的受众群体，而 Product 则定位特定产品或者类目。

第7章

7

亚马逊站外引流（一）：Deal（秒杀）网站如此有用

随着时间的推移，越来越多的亚马逊卖家注意到亚马逊站内广告是运营中必不可少的手段。这就意味着，在竞争变得越来越激烈的同时，我们做站内广告的成本也在不断地增加。我相信不少卖家都感同身受，原来 0.75 美元就可以上到广告位，现在需要 2 美元、3 美元等。除此之外，在其他卖家还都在做站内广告，而忽视站外引流的作用时，你如果选择做站外引流，就会具有极大的优势。站外引流可以使用 Facebook、Instagram、Twitter、YouTube 等国外常用的社交媒体。在国外，这些社交媒体的流量是非常大的，而且群体分类十分广泛。举个例子，如果你是卖美容类产品的，假如你能够找到一些国外美容类的网红博主，让她帮你发布一条关于你的产品的推文，那么会有大量的流量涌入你的 Listing。这就是站外引流的核心内在逻辑，从亚马逊以外的网站通过文字、图片或者视频等方式，吸引用户的目光，引导他们到亚马逊下订单。因此，在做这种社交媒体的站外引流时，我们要找到合适的目标群体，只有找准了目标群体，才能给 Listing 带来流量和转化。我们可以采用两种方法：第一，运营一个属于自己公司的社交媒体账号，像公司的 Facebook 账号等，这需要我们花大量时间和心思做内容运营，积累粉丝。这个积累的过程，可能起码要半年或者一年才有效果，之后才能做站外引流。在做站外引流的时候，用这种方法积累资源的效果比较好，通常一些比较大的公司会用这个方法做。我们在刚开始接触站外引流时，肯定希望能在短期间内就有效果，那么我们通常会用第二种方法，那就是直接寻找成熟的社交账号帮我们做站外引流。这种类型的账号一般都会留下商务合作的电子邮件地址，我们能通过电子邮件与之联系。我们一般向他们支付一些钱，他们就会帮我们推广。当然，具体的金额要看这个社交账号的粉丝数和关注量。

在确定了引流渠道之后，接下来比较重要的是我们要用什么内容才会让Listing 有流量。内容无非两种：一种是折扣、优惠，这是最简单、最有效的内容展示。我们可以直接放上产品图片和产品链接，然后在文字里突出显示有什么优惠（如 50% Off）。如果找对了目标群体，那么这种折扣类型的引流是非常奏效的。另外一种效果也比较好，那就是突出产品优势。我们可以做一些关于产品使用的测评视频或者开箱视频之类的视频。如果是很新颖的产品，那么效果会更佳。

除了上面提到的社交媒体，我们还可以使用另一个方法，也可以引入大量流量，那就是站外的 Deal 网站。在国外，有些网站是专门做 Deal 活动的，有些做自建站的购物网站 Deal 活动，但大多数网站做亚马逊等电商平台的 Deal 活动。我们要了解针对亚马逊等电商平台的 Deal 活动到底什么、如何利用。

首先，这种网站只做一件事情，就是提供一个平台，让亚马逊卖家在这个平台上发布各种折扣、各种 Deal 活动；而买家则能够在平台上用较低的价格买到自己喜欢的产品，这就是 Deal 网站的运作逻辑。当然，这种类型的 Deal 网站有很多，而每个 Deal 网站的发布要求也不一样，收取的费用也不一样，这里就不一一展开细讲了。你可以根据各个平台的要求发布 Deal 活动，常见的要求一般有Review 要求、Feedback 要求、折扣要求等。

下面我们介绍一下做 Deal 活动的一般步骤和注意事项。我们要清楚，这些站外的 Deal 活动其实就是亚马逊里的 Promotions（促销活动）。我们首先要在亚马逊创建一个 Promotions，然后设定折扣，通过这个 Promotions 生成对应的折扣码，然后再将生成的折扣码发送到站外的 Deal 网站。如果浏览的人对我们的产品和折扣感兴趣，就会使用折扣码，并且会跳转到亚马逊页面进行购买。这个过程就是亚马逊站外 Deal 活动的常见流程，能够带来流量和转化，至于能够带来多少流量和转化，就要看产品是否足够吸引人和折扣的力度是否足够大了。

Deal 活动相对于社交媒体推广、红人营销或者谷歌推广，是效果最明显的。

究其原因，Deal 网站的投放也成了运营的一个方法，本章主要介绍怎么选择 Deal 网站、Deal 网站的介绍和做 Deal 活动的步骤。

7.1　Deal网站的选择

在 Deal 网站的选择上，我相信你会很陌生，毕竟我们平时很少接触，也不熟悉当地情况，那么应该怎么选择？我们总结了以下 4 点。

1. 找到能做Deal活动的网站

如果你需要找美国的促销网站，那么可以在 Google Chrome 浏览器的搜索框中输入 "US Deal" 或者 "US Coupon"，然后搜索，如图 7-1 所示，得到约 24.5 亿条结果。

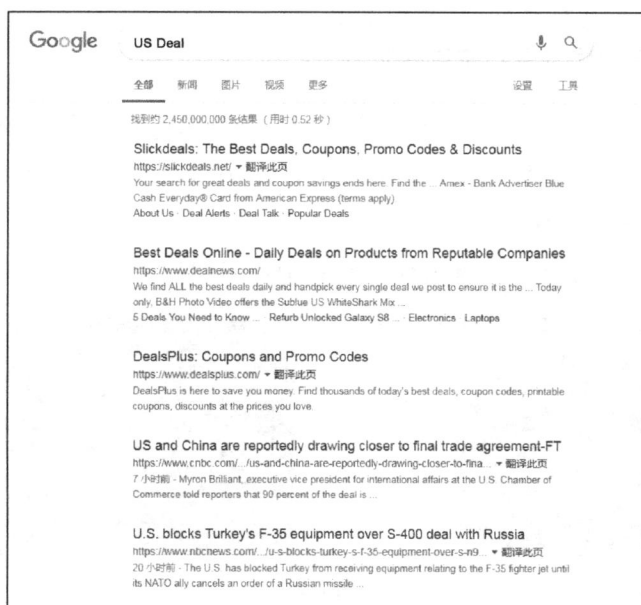

图 7-1

在看到这个搜索结果后，相信你会很惶恐：对于约 24.5 亿条结果，如果每条都查看，就需要耗费很多时间。

排名越靠前的网站，知名度越大，竞争越强。你要考虑你的产品与在这些排名靠前的网站中的卖家的产品相比有没有竞争力。如果没有竞争力，你就可以直接从第三页开始查看，逐个查看每个网站。虽然这些网站排在第三页，但是流量也足够你使用了。

2. 确定网站做Deal活动的要求

在找到 Deal 网站后，你应该先看网站对投放的要求是什么。你需要快速核对自己的账号情况，如果不符合要求，那么不要犹豫，继续查找下一个网站！

3. 确定网站的主要受众群体

在确定你的账号符合投放条件后，你需要快速了解网站针对的主要受众群体。比如，你找到了一个综合性的网站，综合性的网站虽然流量比较大，但是产品多，让人眼花缭乱，不一定是好的选择，你需要考虑你的产品是否和此网站符合。

4. 确定网站的流量和流量来源

在确认受众群体后，你需要关注每个月有多少人在浏览这个网站。如果没有人浏览这个网站，那么你投再多的钱做 Deal 活动也没有用。下面推荐一个查询网站流量的工具 SimilarWeb。

以 Slick Deals 为例，在搜索框中输入网址，如图 7-2 所示。

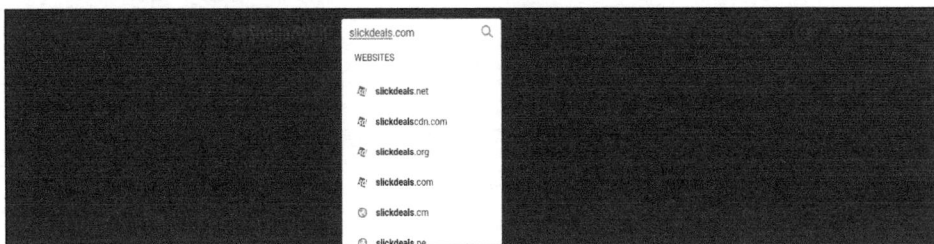

图 7-2

稍等几分钟，结果便会显示，如图 7-3 所示。

从图 7-3 中，你可以了解这个网站在全球的排名情况、目的地国家的排名情况（这样你就可以查看到该网站在不同国家的排名情况）、类目的排名情况、过去半年的流量情况和流量的主要来源。你可以根据网站的流量和流量来源决定选择哪些网站。

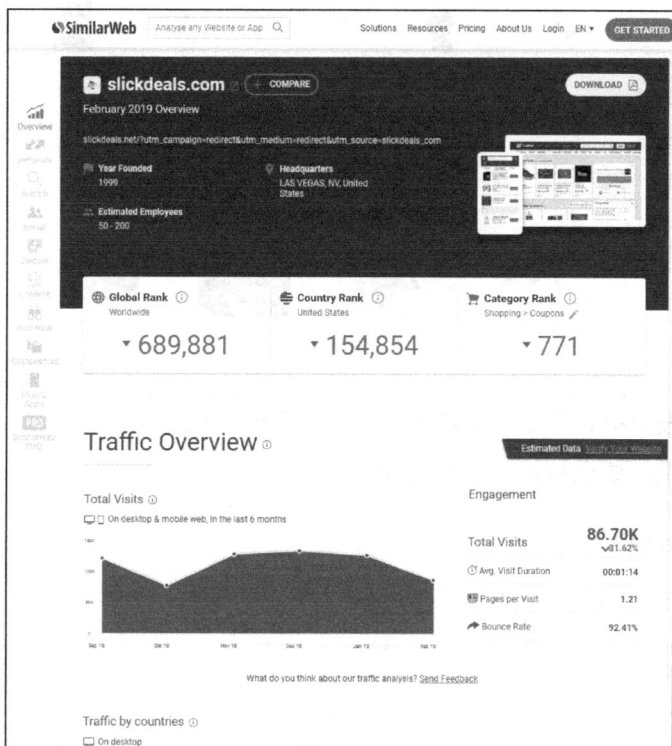

图 7-3

7.2　Deal网站介绍

下面介绍几个大型的 Deal 网站，供参考，数据截止到 2019 年 4 月 1 日。

1. VIPON

VIPON 的网站如图 7-4 所示。

适用产品：全类目产品。

流量情况：过去 30 天的每周平均访问量为 197 万次，访问这个网站的美国人数高达总访问人数的 54.54%。

网站特点：布局整齐，页面简洁。

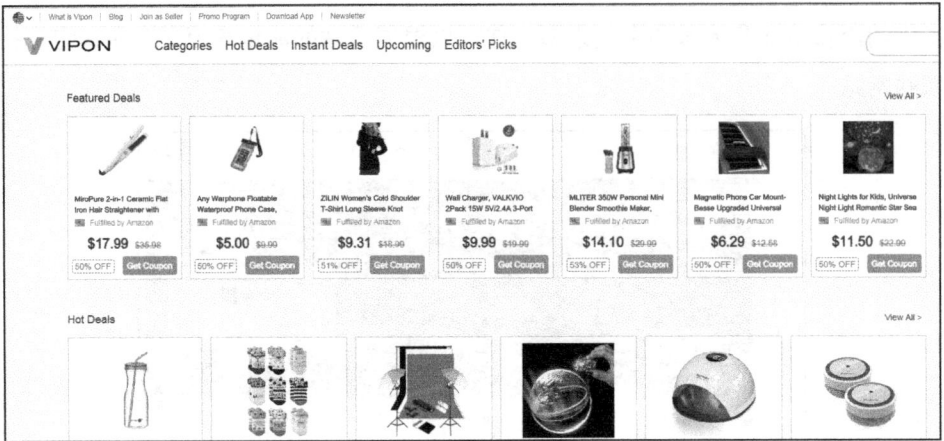

图 7-4

形式：发布折扣产品，可以引流到亚马逊网站内。

展示要求：要求折扣为 50%或者 50%以上。

2. slickdeals

slickdeals 的网站如图 7-5 所示。

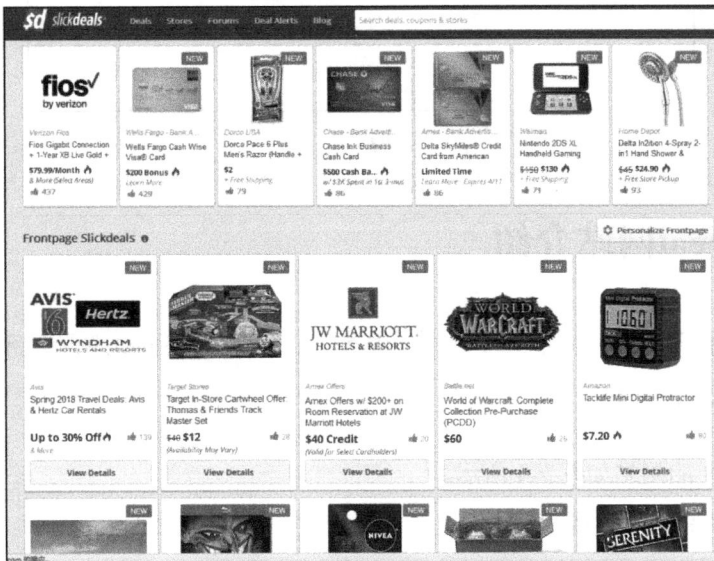

图 7-5

适用产品：男性用品、电子产品、游戏产品、信用卡。

流量情况：过去 30 天的每周平均访问量为 123.35 万次，每周平均访问页面次数为 355.49 万次，访问这个网站的美国人数高达总访问人数的 94.4%。

网站特点：布局整齐；男性用品、电子产品较多；产品按交易热度排序。

形式：发布折扣产品，用户可以对发布的帖子点赞、分享、收藏及评论。

发布要求：①亚马逊账号的 Feedback（反馈）数量必须为 1000 个以上；②发布产品的 Review 数量不低于 50 个；③在发完帖子后不能随意顶帖。

3. kinja DEALS

kinja DEALS 的网站如图 7-6 所示。

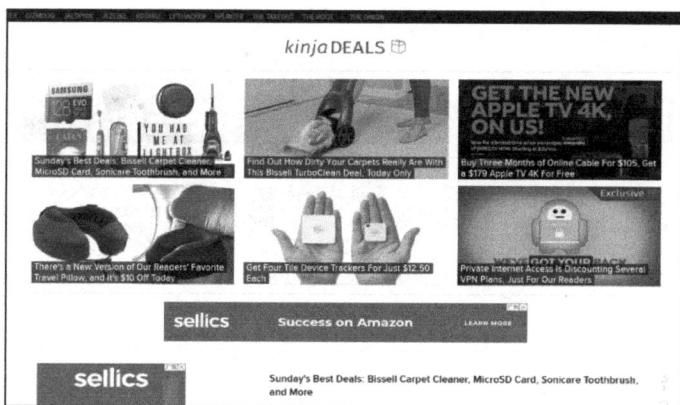

图 7-6

适用产品：奇特、有创意的产品。

流量情况：近 30 天的每周平均访问量为 31.87 万次，每周平均访问页面次数为 52.69 万次，月排名上升了 7 名。

网站特点：首页简洁；可以把重点的段落画出来，突出重点；被展示的难度大；主要以文字和图片的方式表达产品，价格显示比较隐晦。

形式：以博客的形式推广产品，写出产品的卖点。

展示要求：①奇特、有创意的产品；②文案要有创意；③有故事情节（在生活中的应用、好处）；④亚马逊店铺的 Feedback 数量超过 500 个，产品的 Review 数量不低于 20 个。

4. RetailMeNot

RetailMeNot 的网站如图 7-7 所示。

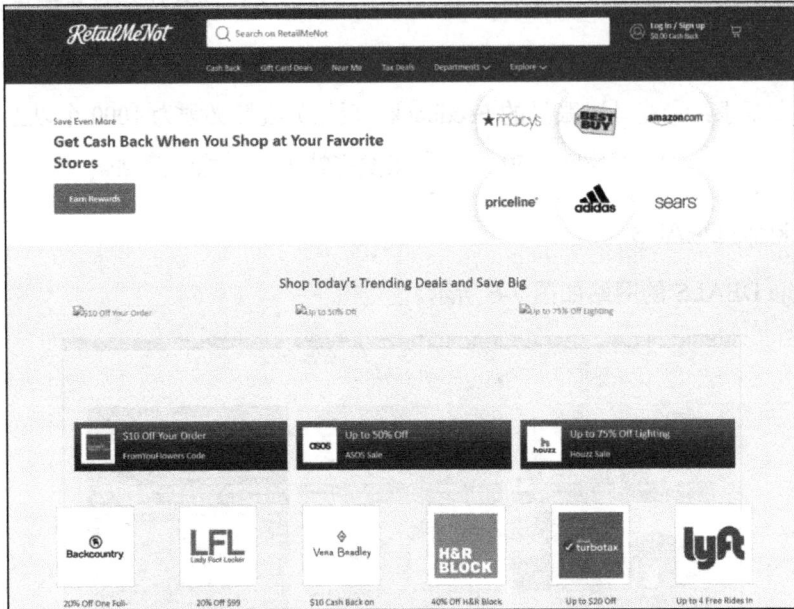

图 7-7

适用产品：品牌产品。

流量情况：近 30 天的每周平均访问量为 54.4 万次，每周平均访问页面次数为 103.66 万次，比 kinja DEALS 的流量大。

网页特点：品牌服装、快餐公司、百货超市等商家会发布优惠券，用户在购物时随时可以找优惠券。

形式：通过发布优惠券网站进行购买。

展示要求：发布的产品必须是带有品牌的产品。

5. dealnews

dealnews 的网站如图 7-8 所示。

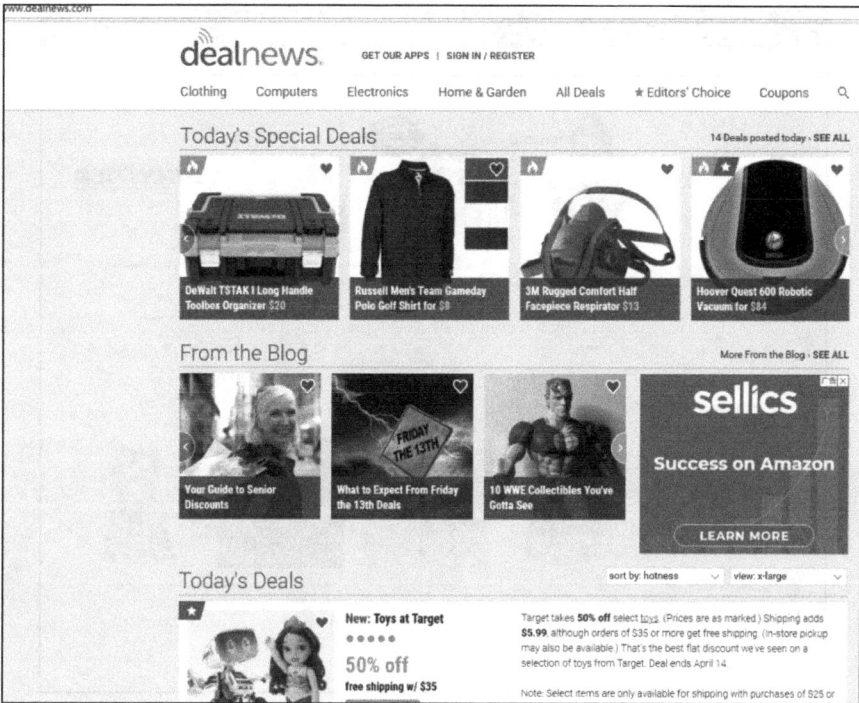

图 7-8

适用产品：3C 产品、游戏。

流量情况：近 30 天的每周平均访问量为 13.5 万次，与前面 4 个网站相比访问量较小。

网页特点：布局、排版简单；分类明显；折扣力度显示明显；有一些品牌的优惠券。

形式：网站编辑每天会筛选最好的 300 个 Deal 产品进入 dealnews 的网站，通过发布优惠券网站进行购买。

展示要求：只发布产品历史最低价格的 Deal 活动，并且由可靠的店铺提供，最终能否发布，由网站编辑决定。

6. dealsplus

dealsplus 的网站如图 7-9 所示。

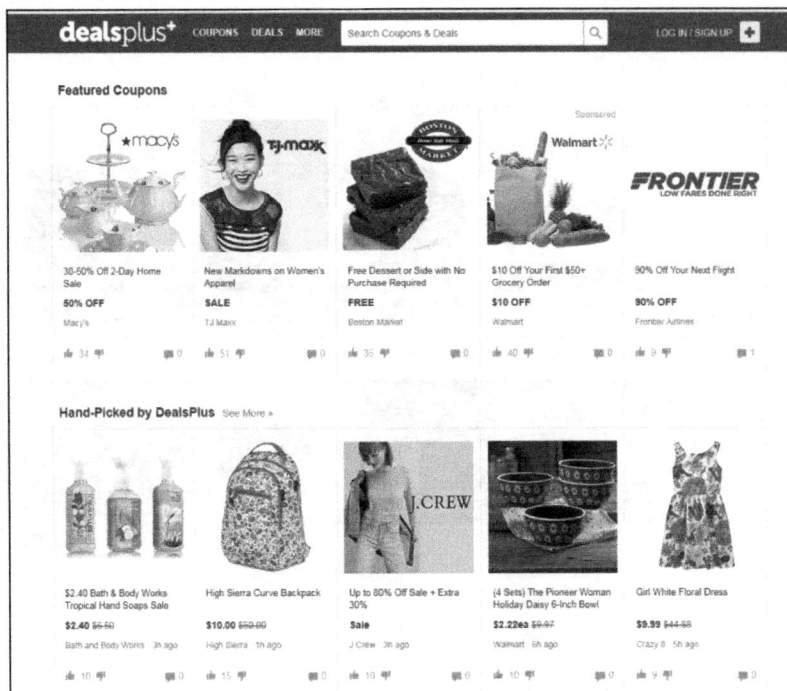

图 7-9

适用产品：家居用品、日常生活用品。

流量情况：近 30 天的每周平均访问量为 1.99 万次，每周平均访问页面次数为 5.43 万次。流量比较小。

网站特点：用户需要点击两次才能进入购买页面；产品的品种多样；用户可以点赞、评论；有优惠券。

形式：通过发放优惠券进行购买

展示要求：① 亚马逊店铺的 Feedback 数量要超过 100 个；② 要发布的产品的 Review 数量要超过 20 个（表现好的产品也可以发布 Deal 活动，可以无视上面两点要求）；③ 该产品的分值最好不低于 4.0 分；④ 认证的用户每天不限发帖次数，没有认证的用户每天只能发帖一次。

7. pricegrabber

pricegrabber 的网站如图 7-10 所示。

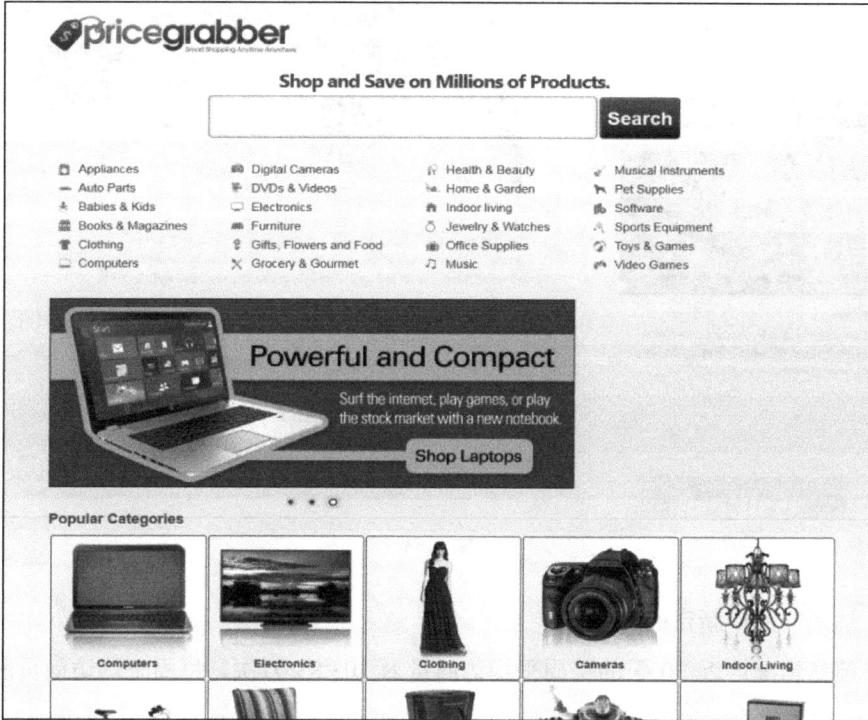

图 7-10

适用产品：全类目产品。

流量情况：近 30 天每周平均访问量都是 4.65 万次，页面的访问次数相对较低，只有 1.21 万次。

网页特点：有些产品可以进行价格对比（在不同网站的销售价格的对比）；在点击大类目的时候会出现详细的二、三级类目。

形式：通过不同平台进行价格比较。

展示要求：需要联系网站编辑进行申请。

8. Lifehacker

Lifehacker 的网站如图 7-11 所示。

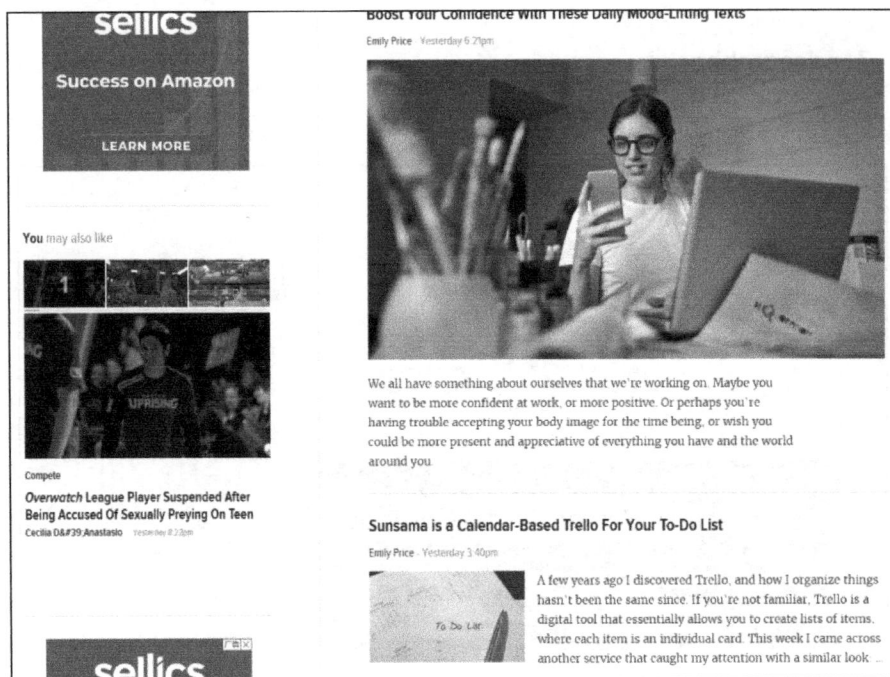

图 7-11

适用产品：新奇的产品。

流量情况：近 30 天的每周平均访问量为 103.85 万次，每周平均访问页面次数为 137.3 万次。

网站特点：以文章的形式推荐产品，有点赞和收藏功能。

形式：博主通过写文章推荐相关的产品。

展示要求：需要被博主选中，或者可以自行联系博主。

9. COUPONS

COUPONS 的网站如图 7-12 所示。

适用产品：生活用品、零食。

流量情况：近 30 天的每周平均访问量出现了下滑，截至 2019 年 4 月 1 日，从 21.79 万次降到 19.32 万次；月排名降低了 191 名。

网站特点：直接添加优惠券，不能看产品的详细页面。

形式：直接发布优惠券，用户单击优惠券进行购买。

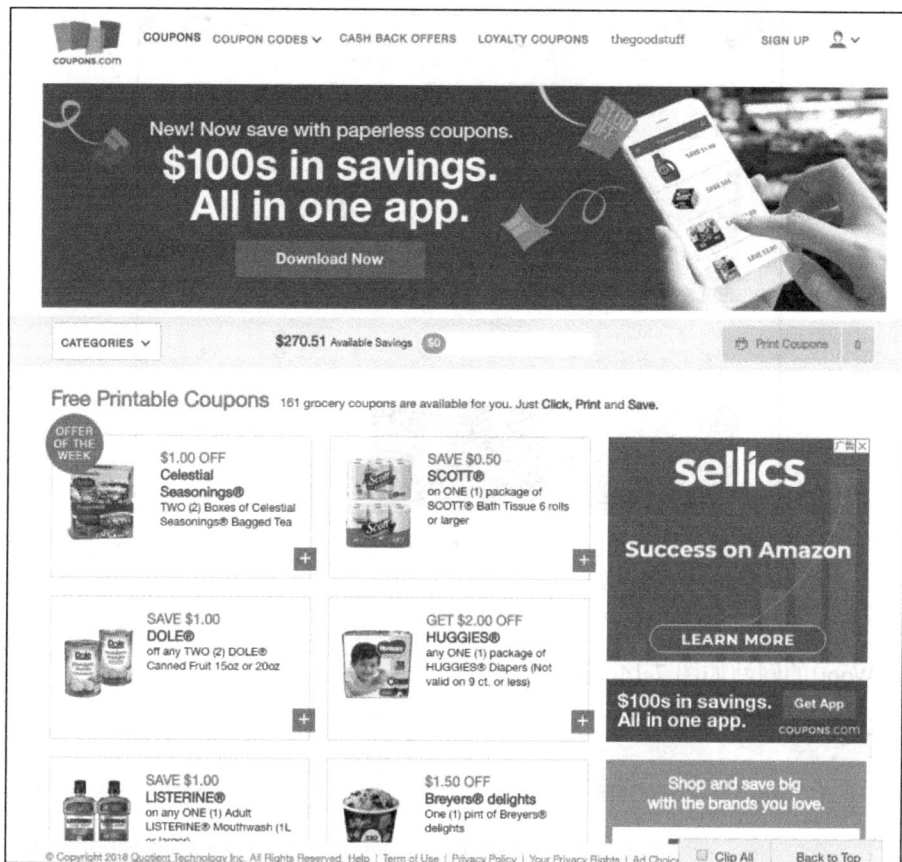

图 7-12

展示要求：①有网站，该网站必须提供添加到购物车的购物选项；②必须提供促销和折扣；③必须有一个联盟计划。

10. GROUPON

GROUPON 的网站如图 7-13 所示。

适用产品：日常用品。

流量情况：近 30 天的每周平均访客量为 82.4 万个，每周平均访问页面次数为 264.92 万次。

网站特点：与美团相似，有买家的评价、评分；可以分享。

形式：通过发布团购活动，用户可直接参与。

展示要求：仅限本地的团购活动。

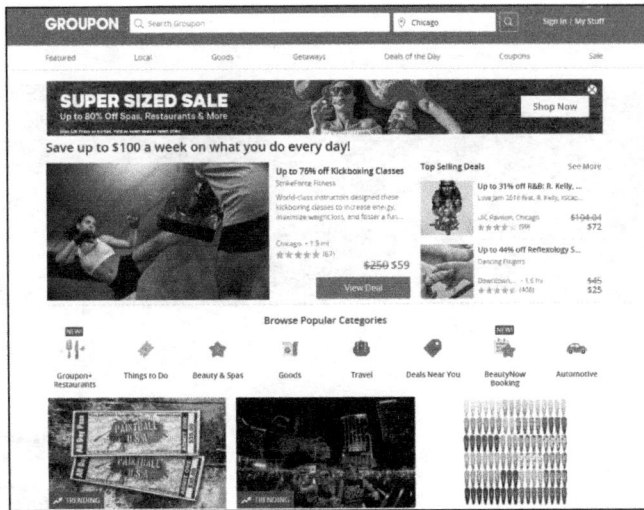

图 7-13

11. Woot!

Woot!的网站如图 7-14 所示。

图 7-14

适用产品：电子产品、家居产品、工具类产品、运动产品、儿童产品、服饰等。

流量情况：近 30 天的每周平均访问量为 31.69 万次，每周平均访问页面次数为 105.13 万次。

网站特点：一天一购，在首页上会显示出当天折扣的产品。

形式：直接发布优惠券，用户单击优惠券进行购买。

展示要求：①Amazon 店铺的 Feedback 数量要大于 500 个；②产品的 Review 数量要大于 15 个。

7.3　做Deal活动的步骤

7.2 节罗列了几个 Deal 网站，下面介绍在 VIPON 上做 Deal 活动的步骤。

1. 在亚马逊后台设置折扣码

（1）创建用于促销的产品组，路径如下："Advertising"（广告）→ "Promotions"（促销）→ "Manage Product Selection"（管理产品）→ "ASIN List"（ASIN 列表），然后单击 "Create Product Selection"（创建产品）按钮，如图 7-15 所示。

图 7-15

在 "Product Selection Name/Tracking ID"（产品名称/追踪标识）中填入你用来辨别的词句，在 "Internal Description"（内部描述）中填入你对此促销的描述，在 "ASIN List"（ASIN 列表）中填入你要参加促销的 ASIN。最后，单击 "Submit"（提交）按钮即可，如图 7-16 所示。

（2）为产品组创建 Percentage Off（折扣），路径如下："Advertising" → "Promotions" → "Percentage Off" → "Create"，如图 7-17 所示。

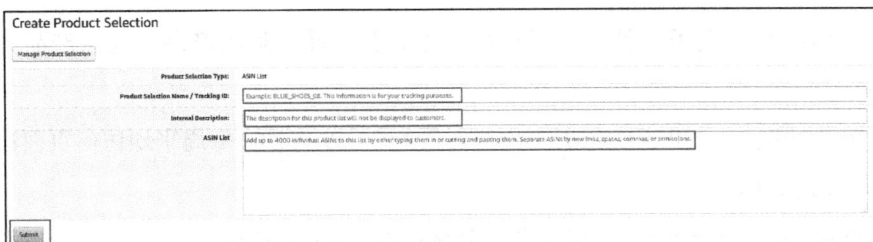

图 7-16

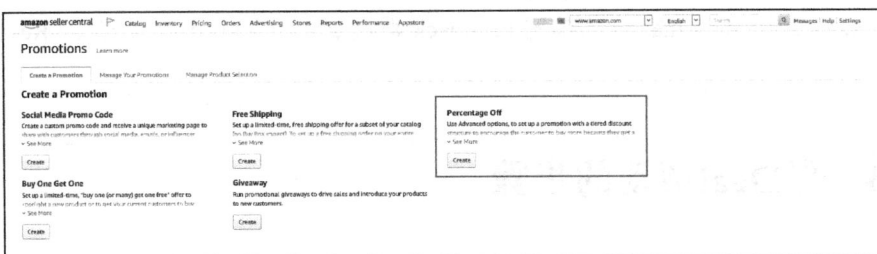

图 7-17

① 选择创建的产品组，设置折扣。投放 VIPON 的折扣必须最少设置为 50%，如图 7-18 所示。

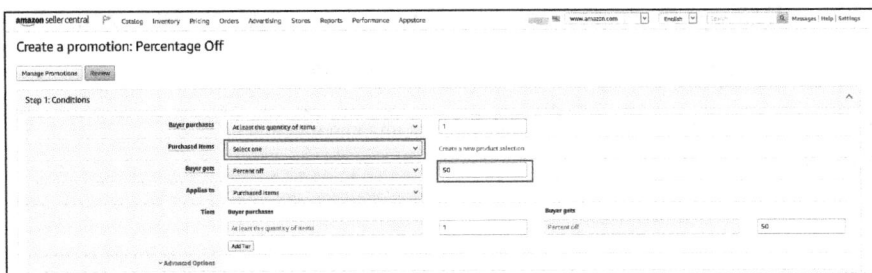

图 7-18

② 设置促销时间，如图 7-19 所示。

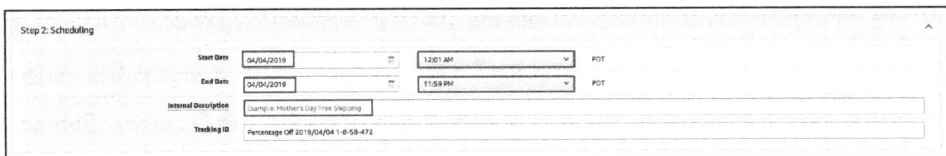

图 7-19

③ 设置折扣码类型，如图 7-20 所示。

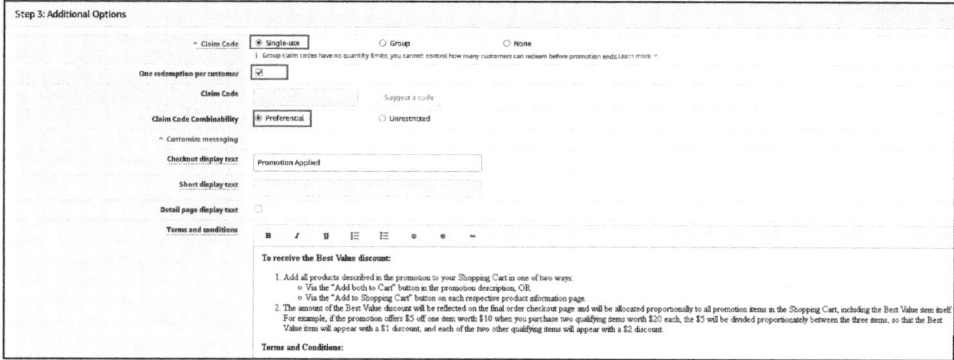

图 7-20

④ 单击"View promotion"（查看促销）按钮，根据自己需要的数量创建并下载折扣码，如图 7-21～图 7-23 所示。

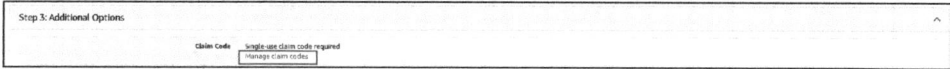

图 7-21

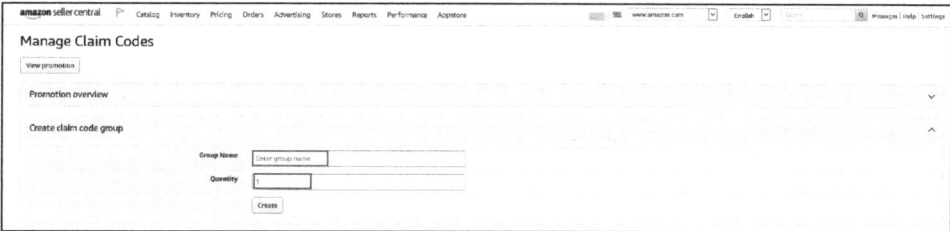

图 7-22

图 7-23

2. 去AMZ Tracker设置促销

（1）添加需要促销的产品，如图 7-24 和图 7-25 所示。

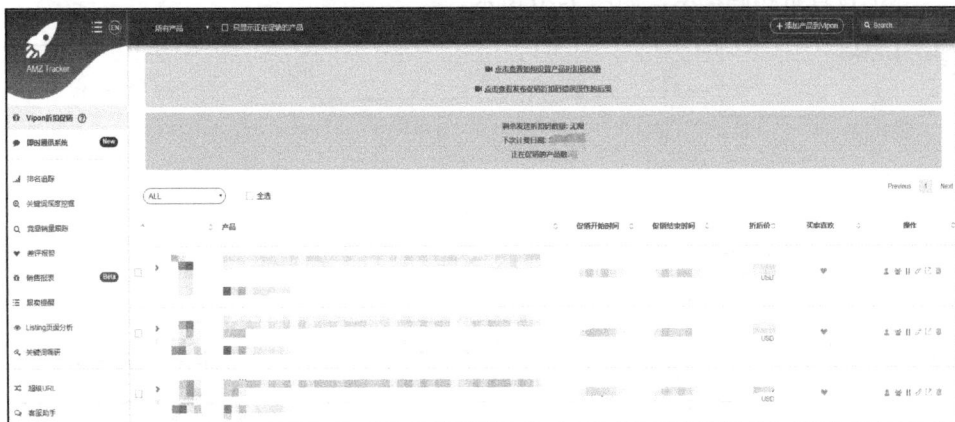

图 7-24

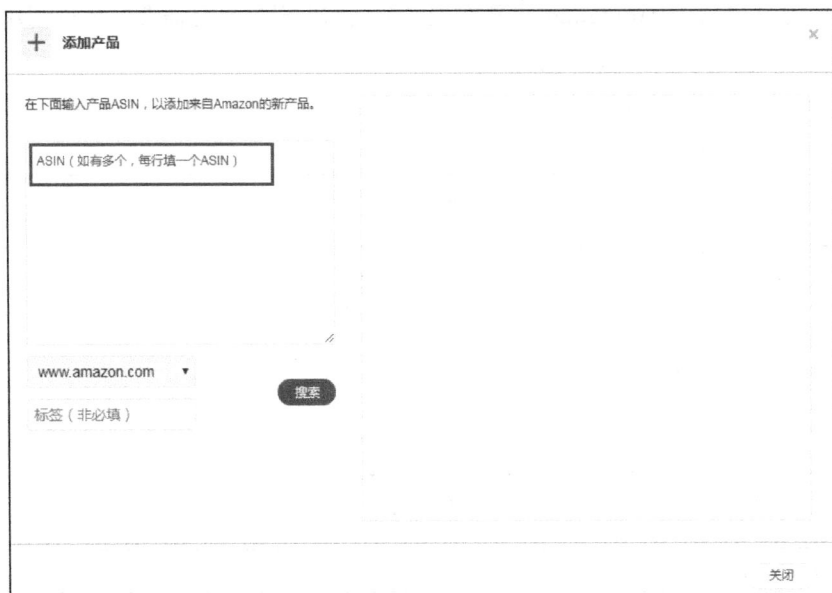

图 7-25

（2）根据自己的实际情况设置促销的时间、折扣，如图 7-26 所示。

（3）把亚马逊后台下载的折扣码粘贴到图 7-27 所示的方框里。

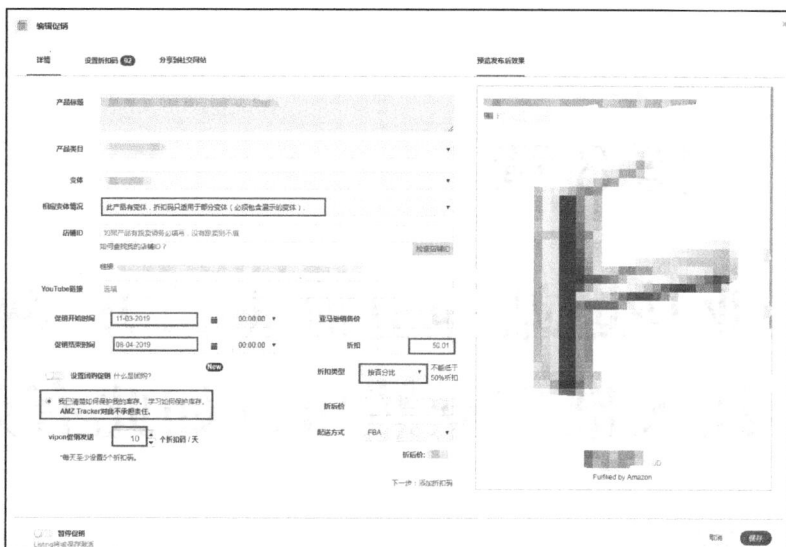

图 7-26

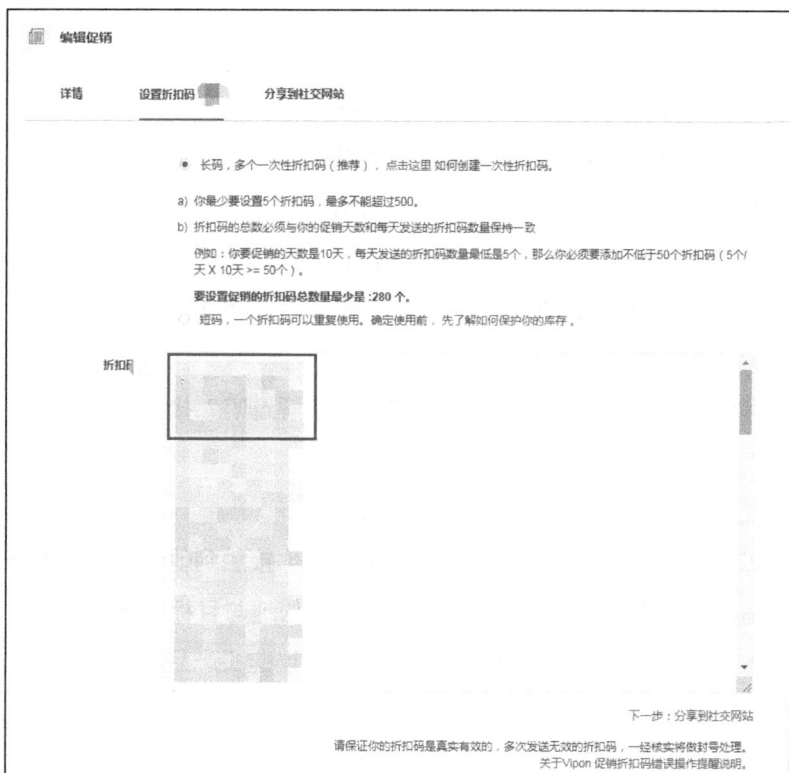

图 7-27

第 8 章

亚马逊站外引流（二）：网络红人推广竟然可以如此有效

红人营销是新旧营销工具的混合体，采取有知名度的人代言的做法，成为一个现代的内容驱动的营销活动。我们没想到过推广品牌除了找名人，现在还可以和网络红人合作，性价比更高且形式更多元化。

相信你对红人营销并不陌生，在国内我们可以轻易地感受到，最直观的是打开微博，在搜索某个大品牌时，可以发现很多关于"测评"的字眼，有的是视频测评，有的是博文测评。

那么网络红人营销的好处是什么，你深入了解过吗？接下来，我们向你介绍一下。

网络红人营销对你的品牌有以下帮助。

（1）扩大受众范围：与网络红人合作可以让你接触到他们庞大的粉丝群体。通过确定适合自己的网络红人，你可以快速、轻松地与目标受众建立联系。

（2）推动销售：买家愿意倾听网络红人的建议购买产品和服务。这是一种增加转化次数的低成本方式。

（3）提高品牌的知名度：与品牌方自圆其说相比，买家更倾向于通过网络红人了解品牌信息。

（4）增加粉丝的互动性：通过与网络红人合作，你可以增加自己品牌的社交媒体账号的点赞数和转发量。

（5）提高流量：通过网络红人的社交媒体账号和博客的链接，你可以将流量引导到你指定的地方。

（6）提高搜索流量：许多网络红人的网站具有较大的流量，因此你可以通过网络红人的链接优化你的品牌。

同样，在国外，也有红人营销。在第 7 章中我们提到了，站外引流的方式除了 Deal 网站，还有社交媒体推广、谷歌推广和红人营销。本章主要阐述网络红人营销的投入产出比、网络红人营销的平台和网络红人的参与方式。

8.1　网络红人营销的投入产出比

谈到投入产出比，我们先了解一下各个商家或者卖家在网络红人营销上的预算。

根据外网统计，商家花在网络红人营销的预算为 1000～500 000 美元。

下面再来看看网络红人的收费：

（1）网络红人在 Instagram 平台做营销的收费：每 1000 个粉丝收费 10 美元（粉丝数为 10 万个以内）或者每 1000 次互动收费 250～750 美元。

（2）网络红人在 YouTube 平台做营销的收费：每 1000 个订阅量收费 20 美元或者每 1000 个视频评论收费 50～100 美元。

（3）网络红人在 Snapchat 平台做营销的收费：每 1000 个订阅量收费 10 美元或者每 1000 个视频评论收费 100 美元。

可以看出，网络红人在 Instagram 平台做营销的收费是最高的。为什么在 Instagram 平台做营销收费最高呢？

下面几点可以说明影响网络红人收费高低的因素。

1. 社交平台的知名度

社交平台越知名，在其上做营销收取的费用越高。你应该首选 Instagram，其次选择 YouTube、Snapchat。

2. 网络红人所在平台上的粉丝数量

粉丝数量越多，该网络红人发布的帖子的曝光量越多。注意：你不要盲目追求粉丝数量而忽略了粉丝群体。比如，你的产品是母婴产品，而你找的网络红人虽然有 100 万个粉丝，但是基本上都是电子发烧友，那么这个网络红人就不是你的首选。以下是网络红人在 Instagram 平台做营销的收费标准：

10 万个粉丝收费：1000 美元。

50 万个粉丝收费：2500～5000 美元。

200 万个粉丝收费：7500～15 000 美元。

500 万个粉丝收费：20 000～25 000 美元。

1000 万个粉丝收费：50 000～100 000 美元。

5000 万个粉丝收费：150 000～250 000 美元。

1 亿个粉丝收费：500 000～1 000 000 美元。

3. 网络红人发布帖子的粉丝参与度

这也是一个重要因素。我们可以根据网络红人发布的帖子的粉丝转发数、点赞数、评论数等衡量粉丝参与度是否达到预期。

4. 其他因素

帖子的撰写者是谁、帖子是以视频方式展示还是图文展示、帖子的发布次数等都会造成网络红人收费的波动。

8.2 网络红人营销的平台

8.2.1 Instagram

上文提到，Instagram 是网络红人营销的首选平台。我们只要打开 Instagram

的网站浏览一下，就会知道为什么它是首选平台。

（1）Instagram 是一个高度视觉化的社交媒体渠道，如图 8-1 所示。

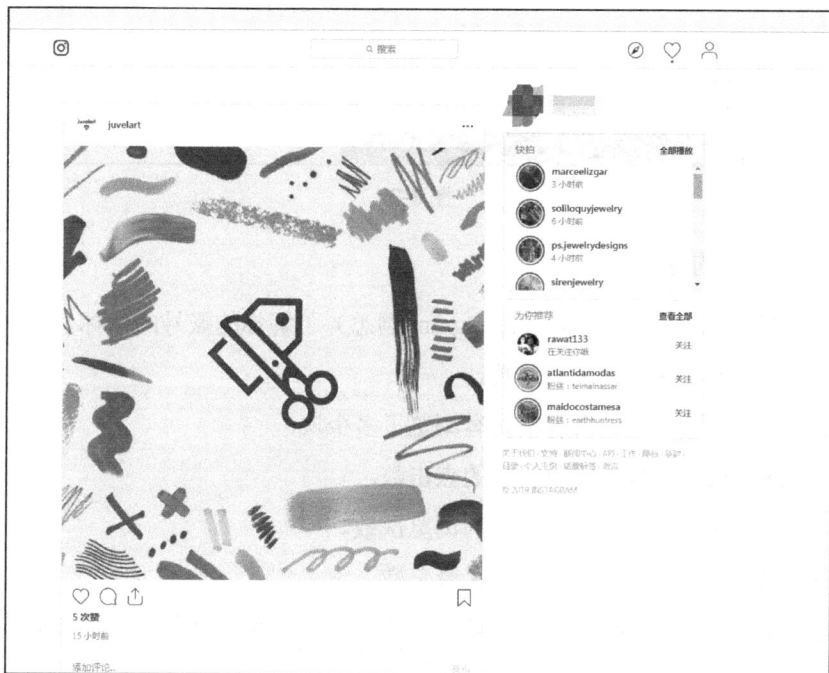

图 8-1

（2）Instagram 的每月活跃用户量是 8 亿个，其中超过 60%是成年用户，这意味着这些用户都是有消费能力的。

（3）超过 50%的用户会关注一个商业品牌，其中 60%的用户表示从 Instagram 中了解到更多关于品牌的文化和理念。

（4）有 2500 万个商业品牌在上面注册。

在今天，Instagram 再也不局限于个人使用。这是一个照片、视频高度分享的应用程序。你只需要在搜索框中搜索你想找的类型，在前面加"#"便会展示结果，如图 8-2 所示。你可以根据需求、网络红人的粉丝量和粉丝的参与度选择适合的人选。

虽然我们可以聘请网络红人在 Instagram 上营销，但是怎么判断聘请的网络红人是否能给我们带来收益，以及我们是否能够和他产生头脑风暴？我们需要知道创建成功的 Instagram 营销的几个小技巧。

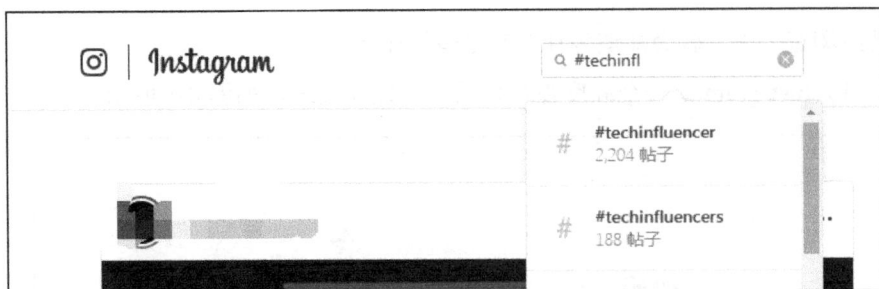

图 8-2

1. 了解你的受众

通过"Instagram Insights"（Instagram 洞悉）了解你的账号的指标。

（1）保存数：保存帖子的总数。

（2）展示次数：你的内容被访客浏览了多少次。

（3）网站点击次数：所附链接的点击数。

（4）视频观看次数：视频内容的浏览次数。

（5）覆盖面：覆盖单一账号的账号总数。

通过 Instagram Insights，只需前往个人主页，即可对你的受众群体的年龄、地区分布、工作等了如指掌。

2. 使用相关的"#"（标签）

上文提到，Instagram 以"#"将视频、图像的内容进行分类，所以正确使用"#"能让你的目标群体更容易找到你，换句话说，Instagram 的"#"类似于亚马逊的标题，优化好或者用对了能让你的买家找到你。

3. 考虑帖子发布的时间

帖子的发布时间也需要考虑。如果你的受众群体是家庭主妇，但是你把发布帖子的时间选在了家庭主妇最繁忙的午饭和晚饭时间，就达不到预期的效果。所以，你要根据受众群体挑选发布帖子的时间。

4. 写有吸引力的内容

这是你做 Instagram 营销最要关注的地方。只有帖子的内容好，才能够吸引读者并提高读者的参与度。

5. 使用促销、折扣等活动字样

促销、折扣除了能吸引买家成交，还能清楚地知道其销售来源，从而可以知道哪个渠道对你是最实用的。但是在达成这个目标的前提下，你需要对不同的平台设置不同的优惠码。

在了解了以上 5 个小技巧后，你就可以开展 Instagram 营销了。

8.2.2　YouTube

YouTube 是美国最大的视频分享平台，它的视频营销效果是不可否认的，买家可以快速地从视频中了解到产品的特性等。你需要找到合适的博主，但是现在需要做以下事情。

（1）了解 YouTube 的规则。

这里特指 YouTube 的视频规格，包括以下内容。

推荐尺寸：426 像素×240 像素，640 像素×360 像素，854 像素×480 像素，1280 像素×720 像素，1920 像素×1080 像素，2560 像素×1440 像素和 3840 像素×2160 像素。

最小尺寸：426 像素×240 像素。

最大尺寸：3840 像素×2160 像素。

支持的宽高比：16∶9 和 4∶3。

最大文件大小：128 GB。

最大长度：12 小时。

（2）创建一个 YouTube 账号，并创建一个 YouTube 频道。

（3）了解你的受众群体。

（4）了解视频的排名因素，具体如下。

频道的关键词：使用正确的标签以确保 YouTube 了解你的视频内容。

视频标题和说明：充分了解买家搜索的关键词，并在视频的标题和描述中嵌入相关的关键词（就像亚马逊的标题一样）。

视频标签：像 Instagram 一样，正确使用"#"会让你的 YouTube 营销事半功倍。

缩略图：就如亚马逊的产品主图一样，缩略图也能够吸引人点击。

参与度：YouTube 会根据你的视频的参与度进行排名，包括喜欢/不喜欢你的视频、你的视频的评论数量和转发数量。

在了解了以上内容后，YouTube 可以成为提高品牌知名度并吸引更多潜在买家的绝佳方式。

8.2.3　Tomoson

Tomoson是一个面向网络红人的内容营销平台，每个人都可以免费试用21天，如果需要继续使用就要按月付费。我们可以在这个平台上发布任务，填写项目的预算、产品是什么等，在网络红人报名后，我们可以根据网络红人的粉丝量、帖子内容等挑选想合作的网络红人。

8.3　网络红人的参与方式

网络红人的参与方式有很多种，但是主流的方式只有视频互动和博文互动这两种。

1. 视频互动

视频互动，顾名思义是网络红人以视频的方式做营销活动，主要优点和缺点如下。

1）优点

（1）产品卖点或者公司理念可以通过短片呈现，在给受众群体带来新鲜的体验之余，还能让他们了解产品和企业。

（2）更浅显易懂，一些复杂的产品使用说明或者需要视频辅助介绍的产品卖点直接以视频展现会让受众群体接受得更快。

2）缺点

（1）准备比较麻烦。视频脚本的准备、拍摄视频所需的物资和人员安排、视频后期剪辑等都是比较耗时的。

（2）金钱投入相对大。视频脚本的撰写、拍摄模特、导演、设备等都需要不少的投入。

注意：视频的长度并不是越长越好的，太长会让受众群体不想看。

2. 博文互动

博文互动就是网络红人以图文的方式做营销活动，其主要优点和缺点如下。

1）优点

（1）准备相对少，只需要提供产品和产品文案、卖点即可。网络红人会自己发挥，撰写博文。

（2）投入的预算相对少，只需要产品的成本和网络红人撰写文章的费用。

2）缺点

（1）与视频相比，图文能表达的东西相对有限。一些复杂的产品原理或者说明很难以图文方式呈现。

（2）图文表达的内容局限在图片和帖子内容里，受众群体可能没有心思阅读所有文字。你可以在设计版面的时候与网络红人多沟通，以便突出你想突出的内容。

我们可以根据自身的产品特性和预算选择视频互动或者博文互动。

9

第9章

亚马逊站外引流（三）：Facebook 广告惊人的高性价比

9.1　Facebook广告与Google广告对比

Facebook 与 Google，一个是社交媒体，一个是搜索引擎，两者都拥有巨大的流量，同时两者都具有广告功能，那么 Facebook 广告与 Google 广告到底有什么不一样，我们应该怎么运用这些流量呢？

我们可以先了解一下这两家广告的差异和对比。Google 广告的核心在于关键词，当用户在搜索引擎中查找关键词的时候才会出现与关键词相关的广告，这有点类似于亚马逊站内的搜索广告。用户主动搜索是因为不了解或对某些主题感兴趣，想通过搜索找到自己想要的信息。因此，做 Google 广告的核心就是找准关键词，只有找准关键词，才能把 Google 广告做好。Facebook 广告更注重目标群体，简单来说，我们做 Facebook 广告的核心是，把我们的广告展示给我们的目标群体，当然里面也会涉及关键词，但是这不是最重要的，最重要的是如何找到并且设置我们的目标群体，通常根据性别、年龄、语言、地区、兴趣、关注、行为等多维度判断我们的目标群体。作为亚马逊的卖家，如果要从 Google 广告和 Facebook 广告中挑选一个来做，那么我会推荐用 Facebook 广告。因为 Facebook 能根据用户自己的需求设定目标群体，所以广告效果肯定会更好。举个例子，我们在亚马逊售卖的产品是体育用品，那么在设置 Facebook 广告的时候，可以设置一些与体育相关的目标群体，例如男性关注的话题是体育赛事，浏览的历史是一些体育类的文章等，这些都属于与体育相关的特征，属于我们的目标群体，如果我们把目标群体设置为上述的与体育相关的群体，那么我们做的广告就更有针对性，效果可能会更好。

另外，从运营品牌的角度考虑，用户在 Google 中点击广告，可能会进入我们品牌的官网，如果我们是做自建站的，那么可能会为官网带来流量或者一些订单，也会提高品牌的知名度，但是如果我们的品牌目前并不是知名的国际品牌，那么这个广告的点击对品牌知名度的提高几乎可以忽略不计，而且大多数用户仅仅只会浏览一次，如果不再次通过 Google 广告，那么回头的用户不会太多。相反，如果我们用的是品牌的 Facebook 账号做的 Facebook 广告，首先用户在浏览的过程中，会看到我们的品牌和产品，再加上如果我们设置的目标群体很精准，那么这个广告的点击率会大大提高。用户在点击后，如果内容能够引起他们的极大兴趣，那么他们很有可能会点击关注，这样一来不仅能够收获关注者并且也能提高知名度，而且最重要的是之后我们在发布内容的时候，不需要通过 Facebook 广告，而是转化为内容营销。因此，从品牌长远发展的角度来看，我们更推荐使用 Facebook 广告。

9.2　完善你的Facebook账号信息

既然我们选择做 Facebook 广告，那么第一步就是先注册 Facebook 账号。

注意：新注册的 Facebook 账号很容易被封。我们在刚注册完 Facebook 账号的时候要注意以下几点：①不要随意切换登录 Facebook 的 IP 地址。②不能主动添加大量好友。如果刚注册的账号主动添加大量好友，系统就会认为这个账号是属于骚扰或者其他用途的账号，会马上封掉，所以切忌刚注册完账号就添加好友。③新账号可以完善账号的资料，能适度发布一些内容，但是不能大量发布，而且发布的内容需要有实际意义，不能发布无意义的内容。

9.2.1　完善你的 Facebook 粉丝主页

Facebook Page（粉丝主页）不仅是开通广告账号的基础，更是建立公司品牌、维护买家的重要渠道。Page 需要持续运营，更需要不断完善细节。

品牌粉丝主页的商业资讯，应该要编写详细的品牌企业信息，这样你的 Facebook 页面看起来将会更专业、更有权威性，能让人更信任。这里就不详细展开说了，因为每个品牌的信息不同，经营的产品和风格也各不相同，你可以根据自己的实际情况和思路写。接下来，要设置头像和封面，这里我们建议设计一个与自己的品牌相关的头像和封面，因为这是展现品牌形象的重要环节，如果头像和封面能够吸引用户，就会有更多人愿意看我们发布的内容；相反，如果头像和封面是其他图片，是质量很差或者与品牌毫无关系的图片，那么用户在看到之后，可能就会觉得这个品牌的企业形象不好，很可能看了一眼就关闭了页面，根本不会看内容，不论我们的内容多么精彩，都不会有人看。所以，头像和封面很重要，我们要给用户最好的第一印象。

9.2.2　为你的 Facebook 账号创作内容

在品牌信息、头像和封面等基础建设完成之后，我们就可以为 Facebook 账号创作内容了。内容是 Facebook 运营的核心，如果没有好的内容，就不可能吸引粉丝，更不可能留住粉丝。什么内容更受用户喜爱，就是我们需要钻研的问题。美国数据调研机构 BuzzSumo 分析了 Facebook 上超过 1 亿条视频内容，得出了以下结论：视频是 Facebook 中最受欢迎的形式（12.05%的用户会点开视频，高于图片的 11.63%、链接的 7.81%、文本的 4.56%）。其中，以视频为例，最受欢迎的类型是美食，然后是时尚、动物、DIY。

从数据中可以发现，视频和图片是 Facebook 上点击率最高的内容形式，所以我们在做内容的时候，尽量以这两种形式为主。当然，制作视频的成本较高，而且需要专业技术，我们在没有配备专业人员的前提下，可以先不做视频，可以选择做图片+文字的内容，与视频相比，图片制作起来会更容易，就算我们不会制作，也可以请人帮我们做，需要的费用远比制作视频的费用低。而且图片有一目了然的效果，用户只需看过一眼，就会在脑海中形成记忆，而且打开一张图片所花费的时间很短，所以很多用户愿意点开看。我们除了要做好图片，也需要花心思做文字性的内容，虽然图片能给用户不错的第一印象，但是要想表达内容，还是文字更加正式。通常来说，我们在 Facebook 上发布的内容，都是按照品牌的特点和用户的需求来做的，但除了这些常规的内容，我们也能在 Facebook 上做一些活动。国内的一些社交媒体会经常举行一些活动（例如，抽奖）。我们可以把这个思路运用到 Facebook 上，可以做一些抽奖活动，不仅能够与粉丝形成互动，而且能增强品牌形象。

总的来说，对于 Facebook 的内容运营，每个人都有不同的构思，想分享不同的内容，你可以按照自身的情况发布内容。Facebook 运营是一件长期的事情，需要积累，也需要时间，不能操之过急。

9.3　Facebook广告介绍

近几年，Facebook 已经成了一个非常重要的电商营销工具。该社交平台的广告功能从 2012 年就存在了，但是从 2014 年开始，Facebook 的广告及管理功能发生了重大变化。在开始深入了解如何使用 Facebook 投放广告之前，你需要先做以下准备：拥有一个 Facebook 企业账号而非个人账号；完善并优化账号的信息；创建广告账号。

接下来，我们要了解创建 Facebook 广告的工具有哪些：①Ads Manager，即广告管理工具。它适合大多数公司和做 SOHO（Small Office，Home Office，也就是自由职业者）的，这是最常用的。②Power Editor（Facebook 提供的广告建立和管理插件）。它用于批量创建 Facebook 广告，这个方法适用于比较大的公司或者从事 Facebook 已经有一段时间，具有一定经验的老手。③Boost Post。这个工具可以直接推广你的帖子，用户不需要进入 Ads Manager 和 Power Editor 的后台进行设置，就可以立即打广告，简单方便，但是不适用于亚马逊卖家，我们暂时不推荐。

9.3.1　怎么做好一个 Facebook 广告

下面简单介绍 Ads Manager，我们如何通过 Ads Manager 在 Facebook 上创建广告？首先，进入广告后台，然后选择广告选项的类型，共有 11 种广告选项：

（1）Boost your posts：提升帖子的热度。

（2）Promote your Page：推广你的网页。

（3）Send people to your website：将你的网站发送给用户。

（4）Increase conversions on your website：增加你的网站的转化率。

（5）Get installs of your app：获取你的应用程序的安装程序。

（6）Increase engagement in your app：提高你的应用程序的参与度。

（7）Reach people near your business：联系你附近的人。

（8）Raise attendance at your event：增加参加活动的人数。

（9）Get people to claim your offer：让人们领取你的报酬。

（10）Get video views：获取视频的观看次数。

（11）Collect leads for your business：为你的企业收集潜在买家。

这 11 种广告选项包含了做 Facebook 广告的基本目的。在选择广告类型之后，你要选择想定位的人群。关于人群定位，Facebook 的后台分为以下几类：Location（地点）、Age（年龄）、Gender（性别）、Languages（语言）、Detail Targeting（细节定位）、Connections（连接）。你可以根据产品特性选择广告的人群定位，然后为广告设置预算和时间。Facebook 广告预算有两种：①每日预算。在一段时间内每天的花费，最少花费为 5 美元。②终身预算。在一段时间内的总花费。你可以在广告设置完后立刻运行广告，也可以设置在哪个具体的时间运行广告，这由你自行设定。你还需要提前准备广告图片或者策划视频和文案，这里就不展开说了，你根据自己产品的特点做好设计和策划即可。

9.3.2　如何追踪你的 Facebook 广告是否有效

在设置完广告后，你要关注哪些指标呢？在 Ads Manager 中单击"Colums"（展示列）按钮，需要查看以下指标：

（1）Performance（表现）：广告的结果、点击率、花费。

（2）Engagemen（帖子的参与度）：帖子的点赞度，包括对帖子的评论或分享，查看照片或视频等操作。

（3）Videos（视频）：视频的访问次数。

（4）Website（网站）：网站的点击量、成交的金额、支付信息、添加到购物车的数量。

（5）Apps（软件）：App 的安装量。

（6）Events（活动）：活动有多少人参与、响应度怎么样。

（7）Clicks（点击）：独立 IP 访问量、点击率、点击量。

（8）Settings（设置）：广告运行的时间、结束的时间、广告的出价，以及广告目标的选择。

以上几个广告指标是需要重点关注的。

另外，作为亚马逊卖家，你肯定希望通过 Facebook 提高亚马逊产品的销量，追踪 Facebook 广告是否有效的最直接方法是查看亚马逊后台的数据，查看在做 Facebook 广告的时间段里，亚马逊的订单、流量、点击量等是否增加了，这种方法是最直观的，同时也是衡量你的产品是否适合做 Facebook 广告的唯一标准。

10

第 10 章

管理亚马逊库存

10.1 FBA入库的操作步骤

FBA 入库是每个亚马逊卖家必须掌握的基本技能,同时也是不可出错的一环,一旦在入库过程中操作失误,就很可能会造成重大的损失。下面介绍 FBA 入库。

(1)单击"Inventory"(库存)选项的"Manage FBA Shipments"(管理亚马逊货件)选项,如图 10-1 所示。

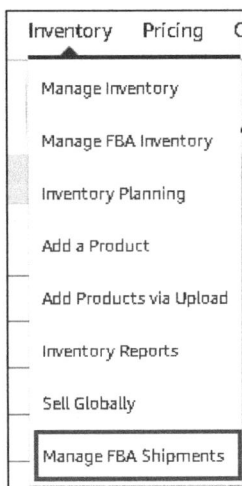

图 10-1

（2）选择"Upload Shipping Plan File"（上传入库计划文件）选项，然后单击"Download Template"（下载模板）按钮，下载 FBA 入库文件，如图 10-2 所示。

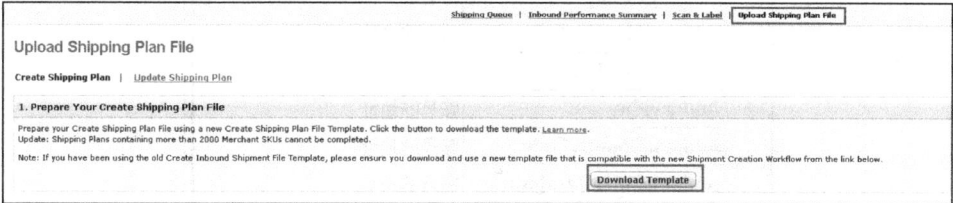

图 10-2

（3）将下载好的文件打开，在最下方找到"Create Plan Template"（创建计划模板），然后填写地址信息，填入需要发到 FBA 仓库的产品的"seller SKU"（卖家 SKU），填写对应的发货数量，如图 10-3 和图 10-4 所示。

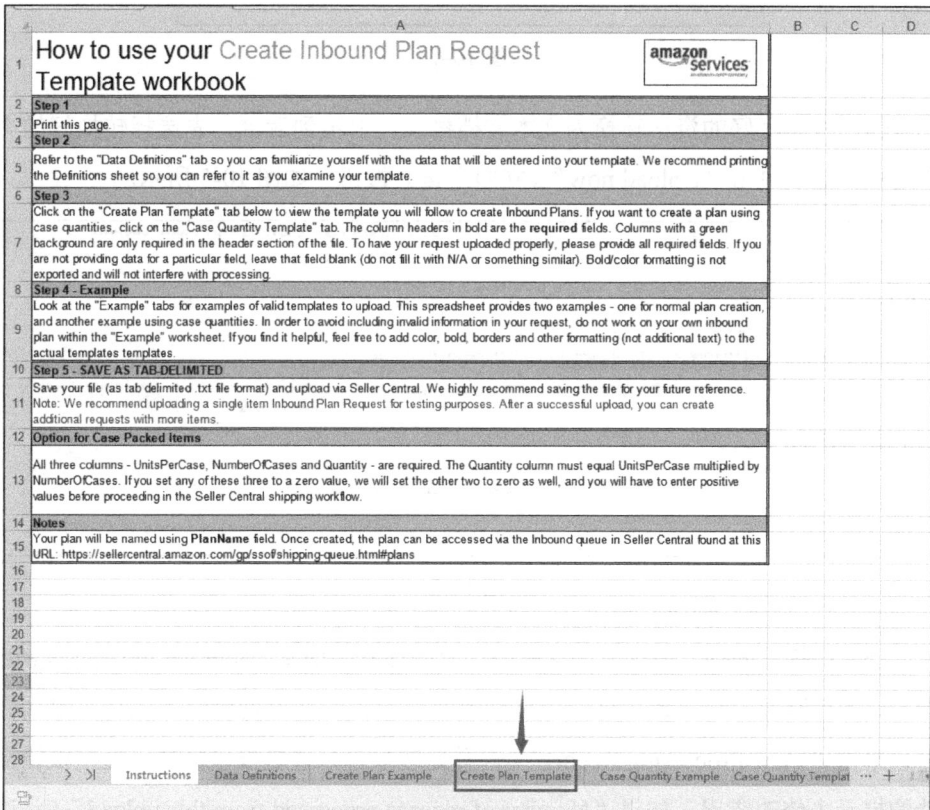

图 10-3

	A	B
1	**PlanName**	计划的名称，建议英文加数字
2	ShipToCountry	US
3	**AddressName**	账号名
4	**AddressFieldOne**	账号的地址
5	AddressFieldTwo	
6	**AddressCity**	账号的地址
7	**AddressCountryCode**	账号的地址
8	**AddressStateOrRegion**	账号的地址
9	**AddressPostalCode**	账号的地址
10	AddressDistrict	
11		
12	**MerchantSKU**	**Quantity**
13	seller SKU	数量
14	seller SKU	数量
15		
16		
17		

图 10-4

（4）将填写好的资料转换为文本文档格式，上传到后台。先选择转换好的文本文档，然后单击"Upload now"（立即上传）按钮，如图 10-5 所示。

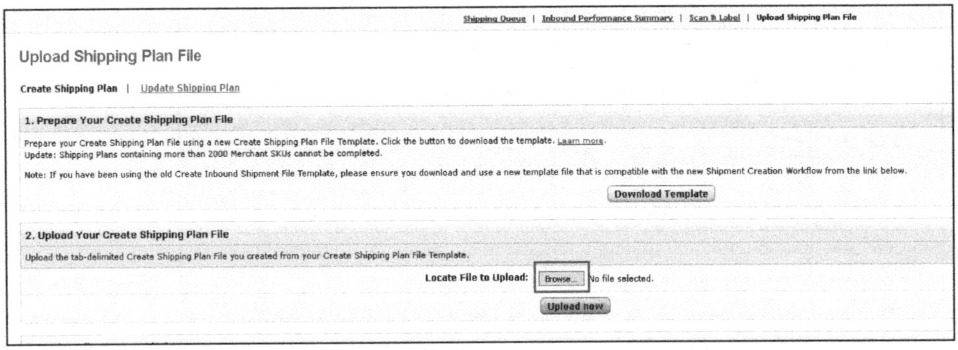

图 10-5

（5）稍等几分钟，确认文本文档是否上传成功。如果"Number of records with errors"（有错误的记录数）这一栏显示数字，即代表你上传模板不成功，那么你可以单击"View Processing Report"（查看处理报告）查看报错文档，根据报错文档的提示去修改错误。如果"Number of records processed from this upload"（此次上传处理的记录数）和"Number of records that were activated"（已被激活的记录数）均显示数字，即代表你上传文本文档成功，如图 10-6 所示。

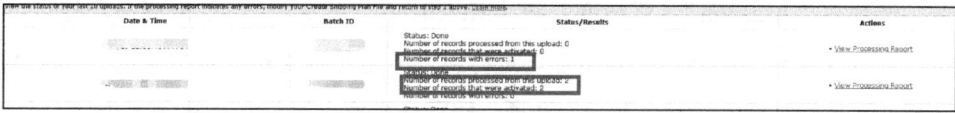

图 10-6

（6）在上传完成后，单击"Shipping Queue"（货件处理进度）按钮，选择"Shipping Plans"（入库计划）选项，找到刚刚上传的文本文档，然后单击"Work on shipping plan"（处理入库计划）按钮，如图 10-7 所示。

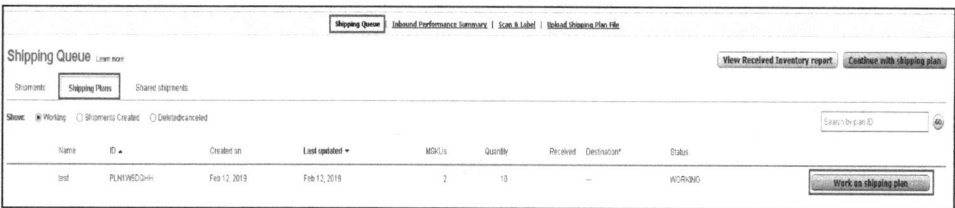

图 10-7

（7）确认产品信息和产品数量是否有误，如果有误就代表第（3）步填写文档有误，可以单击"Delete plan"（删除计划）按钮，然后重新填写文档后再上传。如果信息没有错误，单击"Continue"（继续）按钮，如图 10-8 所示。

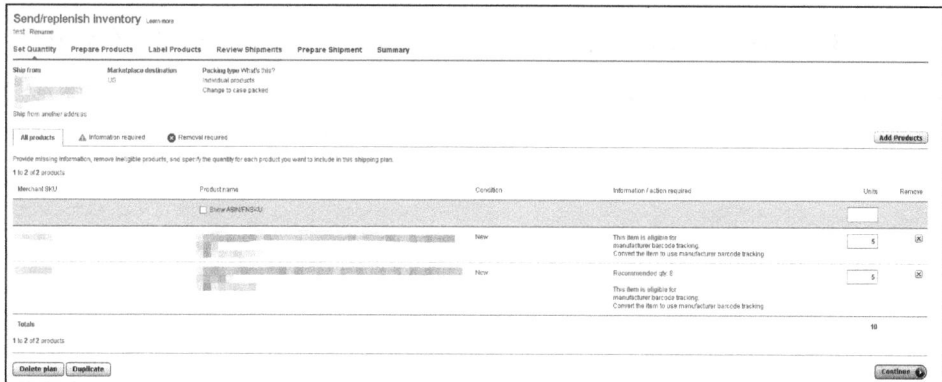

图 10-8

（8）图 10-9 所示为设置打包页面。在这个页面中，可以设置谁对产品进行打包，选项有"Amazon"（亚马逊）和"Merchant"（卖家）。可以由亚马逊打包，也可以自行打包。当然，选择由亚马逊打包，肯定是要支付一定费用的。如果不选择，那么默认选择"Merchant"选项，即默认卖家自己打包。从成本角度考虑，我们一般选择自己打包。在确认无误后，单击"Continue"（继续）按钮。

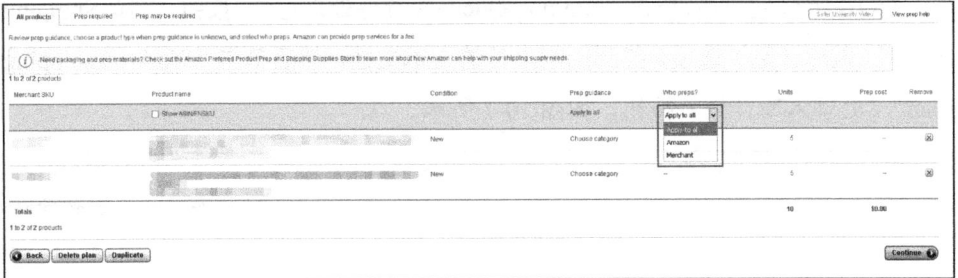

图 10-9

（9）图 10-10 所示为设置和打印 FBA 标签的页面，同样也有"Amazon"和"Merchant"两个选项，分别由亚马逊贴标签和卖家自行贴标签。由亚马逊贴标签需要支付一定费用，建议选择"Merchant"选项，在选择后单击"Print labels for this page"（为此页面打印标签）按钮下载标签文件，在下载后用标签打印机打印 FBA 标签，然后给对应的产品贴上对应的 FBA 标签。注意：一件产品贴一个标签，如果贴错 FBA 标签，货物就无法正常入库，因此要再三确认是否有误。在完成后，单击"Continue"（继续）按钮。

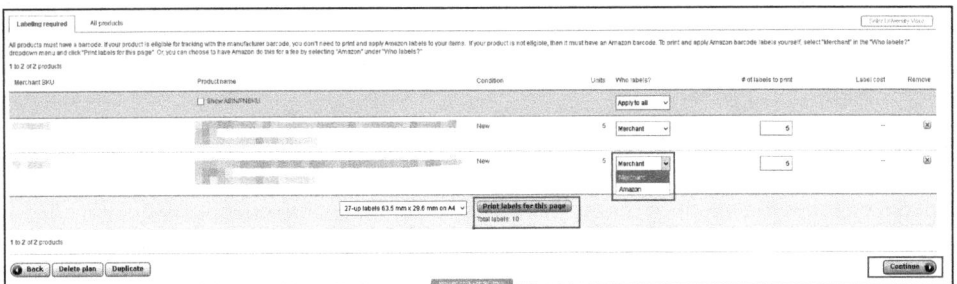

图 10-10

（10）图 10-11 所示为设置分配仓库的页面。当前面几步设置完后，就会打开这个页面。这 10 件货被分配到 AVP1 仓库。亚马逊在很多地区都有 FBA 仓库，各个仓库都有代码，AVP1 就是其中一个。亚马逊会将我们入 FBA 仓库的产品分配到其中一个或者几个仓库。

注意：有的时候，特别是在入库旺季的时候，亚马逊经常会分仓。

所谓分仓，就是将我们入库的产品分到几个仓库，在出现这种情况时我们必须按照亚马逊的分配，将产品分别发送到对应的仓库。这会大大增加我们的 FBA 头程成本，因此我们可以使用亚马逊的合仓服务，在设置合仓之后，在入库的时候就能够强制将所有产品分配到同一个仓库，但是亚马逊要收取每个单品 0.3 美元的费用（标准尺寸下）。如图 10-11 所示，在设置合仓服务后，发 10 个产品亚马逊会收取 3 美元的合仓费用。在确认无误后，单击"Approve & continue"（确认并继续）按钮，这个入库计划就完成了。

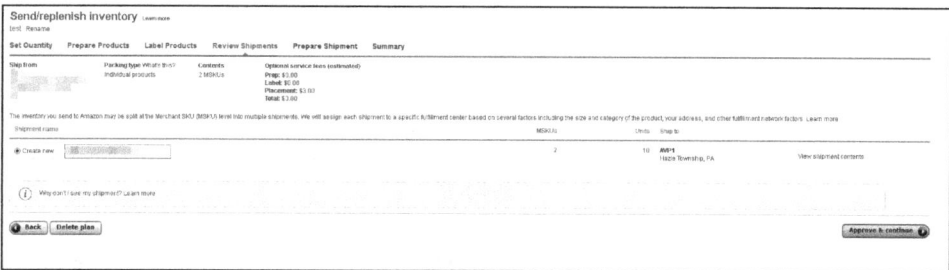

图 10-11

（11）在入库计划生成后，单击"Work on shipment"（处理货件）按钮，填写包裹信息，如图 10-12 所示。

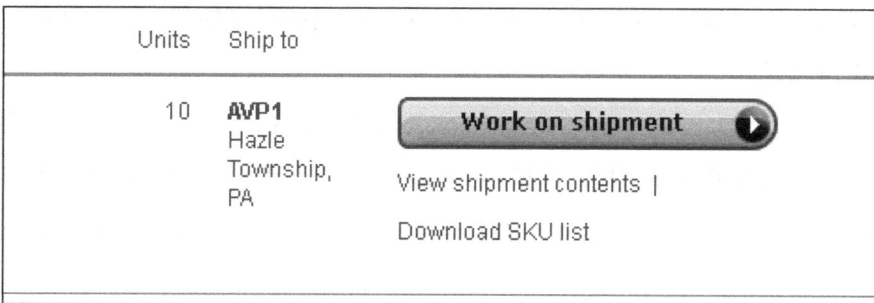

图 10-12

（12）选择"Shipping method"（邮寄方式）和"Shipping carrier"（运输公司）。"Shipping method"默认选择"Small parcel delivery(SPD)"，也就是小包裹运输，这一选项适合绝大多数卖家，如果你售卖的产品体积特别大，如洗衣机或者冰箱，那么选择第二项"Less than truckload(LTL)"。"Shipping carrier"则按照实际情况选择，选项有像 UPS、FedEx 等一些知名的物流运输公司。如果你是国内的卖家，使用的是国内的物流服务商，就可以选择"Other carrier"（其他运输公司）这个选项，如图 10-13 所示。

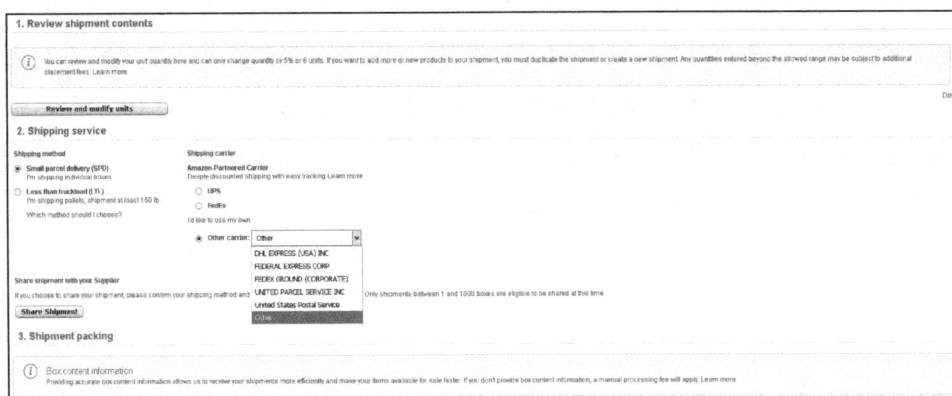

图 10-13

（13）选择"Shipment packing"（运输包装），有 4 个选项，分别是"Everything in one box"（所有产品放在一个箱子中）、"One SKU per box"（一类产品放在同一个箱子中）、"More than one SKU per box(total 15 boxes or less)"（多类产品放在一个箱子中，不多于 15 箱）、"More than one SKU per box(more than 15 boxes)"（多类产品放在一个箱子中，多于 15 箱）。你可以根据自己的打包情况选择，如图 10-14 所示。

（14）以"More than one SKU per box(total 15 boxes or less)"为例，在选择之后会出现填写箱数的填写框，选择"Use web form"（使用网页表格）单选框即在线填写表格，然后根据实际打包的箱数填写，单击"Confirm"（确定）按钮，如图 10-15 所示。

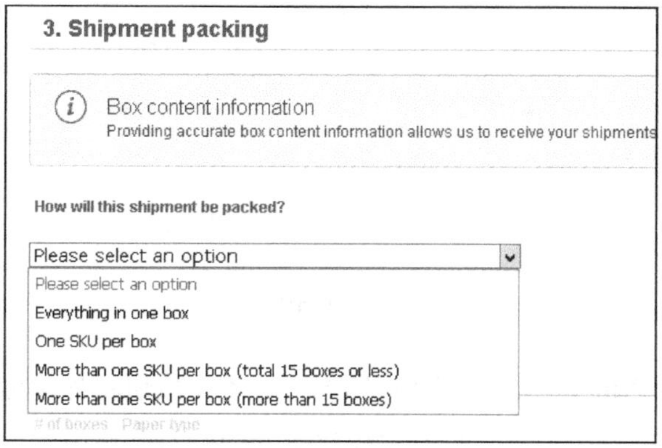

图 10-14

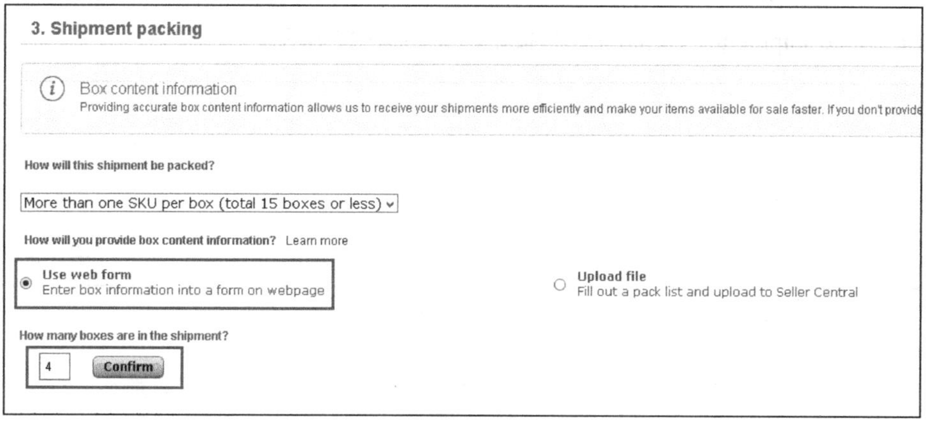

图 10-15

（15）以 4 箱为例，将产品包裹情况填写到表格中，例如第一个产品在第一箱中有 1 个，就在 Box 1 下面填写 1，如果在第二箱中没有，就不用填，以此类推。在"Box weight"（箱子重量）中填写每箱的重量，注意在英文的操作界面下，重量的单位是磅，如果你称量的单位是千克，应该换算为磅，再填写到表格中，以免造成较大的误差。在"Box dimensions"（箱子尺寸）中填写每箱的尺寸，同样，在英文的操作界面下，尺寸的单位是英寸，如果你称量的单位是厘米，应该换算为英寸，再填写到表格中，以免造成较大的误差。在填写确认无误后，单击"Confirm"按钮，如图 10-16 所示。

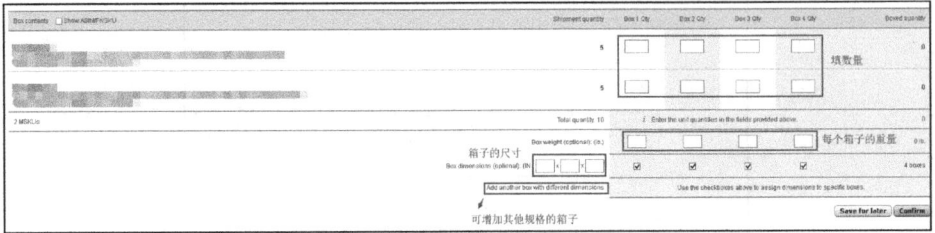

图 10-16

（16）单击"Print box labels"（打印箱子标签）按钮将外箱标签（外箱标签也称为箱唛）下载后打印出来，将对应的箱唛贴到对应的箱子上，注意确保箱唛的条码不要被遮挡或者在运输过程中不要被损坏，否则无法入库。在完成之后单击"Complete shipment"（完成货件）按钮，如图 10-17 所示。

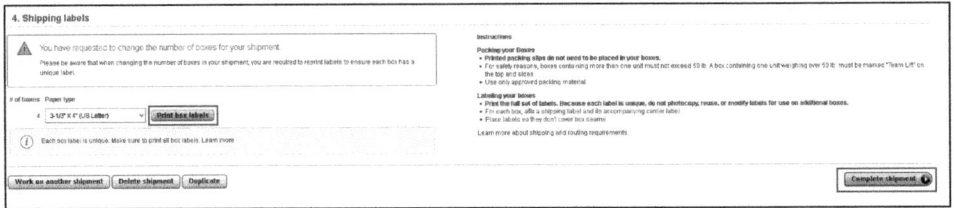

图 10-17

（17）完成上面步骤后，在亚马逊后台入库就已经基本完成了，最后一步就是要将打好包的产品发送到亚马逊指定的仓库，待亚马逊仓库的工作人员收到货并且扫描成功后，就能正常上架，你的产品就能够正常售卖了。但是，要将货物从国内发送到美国亚马逊仓库，需要通过物流渠道，在国内有很多专门做亚马逊物流的服务商，你可以自行选择。你可以在包裹信息页面的上方，"Ship to"（发送到）的下方找到收货地址，将打好包的产品发送到这个地址即可，如图 10-18 所示。

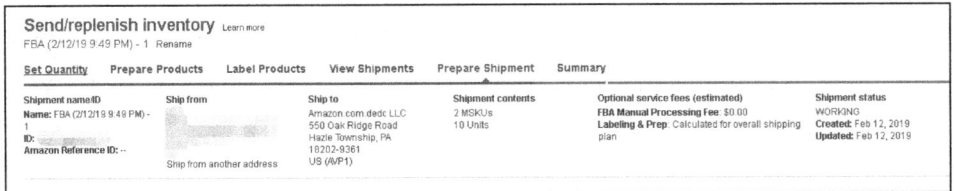

图 10-18

10.2　仓储费用

仓储费用，是指货物放在亚马逊仓库中，亚马逊会收取一定的费用，当然收取的费用根据货物存放的时间、体积和数量决定。因此，我们在入 FBA 仓库的时候一定要做好把控，如果入货太多，因为某些原因卖不出去形成滞库，亚马逊收取的仓储费用就会把利润消耗掉；但是我们也不能缩手缩脚，不敢入货，万一某个卖得很好的 SKU 缺货，就会导致排名下降，那就十分可惜了。

注意：在亚马逊算法中，如果某个 Listing 在售卖过程中出现了缺货的情况，排名就会马上下降，并且下降的幅度很大，尽管在之后进行了补货，排名也很难再升上去，所以缺货对排名的影响非常大。

1. 每月仓储费

亚马逊会对放在亚马逊仓库中的产品收取仓储费。其中，每月仓储费也称为月度仓储费，一般会在次月的 7 日到 15 日之间收取上个月的库存仓储费。如果想查看 1 月的库存仓储费，那么可以查阅 2 月的付款报告。仓储费因产品尺寸和月份而异。虽然标准尺寸的产品体积和重量通常小于大件产品，但是其在储存时需要经过更复杂且成本更高的装架、装柜和装箱工作，所以标准尺寸产品的单位体积收费会比大件物品的收费要高，详情参考表 10-1。但是，费用按体积收取，因此标准尺寸产品的总仓储费可能会低于大件产品（基于体积）的总仓储费。

表 10-1

月份	标准尺寸产品的单位体积的仓储费/（美元/英尺^3）	大件产品的单位体积的仓储费/（美元/英尺^3）
1 月—9 月	0.69	0.48
10 月—12 月	2.40	1.20

2. 长期仓储费

亚马逊对存放天数超过 180 天的产品会根据产品的总体积（以立方英尺为单位[①]）评估长期仓储费。每个 SKU 的费用的计算方法如下：

---

① 1 立方英尺≈0.028 米^3。

在亚马逊运营中心存放 6～12 个月的产品：每个月的长期仓储费=（收取 6 个月长期仓储费的产品数量）×（每件产品的体积）×3.45 美元

在亚马逊运营中心存放 12 个月或更长时间的产品：每个月的长期仓储费=（收取 12 个月长期仓储费的产品数量）×（每件产品的体积）×6.90 美元

若要计算所有库存的长期仓储费总额，则可以下载报告并计算"6 个月长期仓储费"和"12 个月长期仓储费"列中费用的总和。从计算公式中可以看出，长期仓储费的费用是很高的，这是因为亚马逊提倡提高库存的周转率，而且亚马逊上有很多卖家、很多产品库存，亚马逊不希望产品积压在仓库中，占用仓库的位置，所以亚马逊制定了长期仓储费这一收费规则。

10.3 库存绩效指标介绍

库存绩效指标（IPI）是亚马逊针对库存情况推出的一项绩效指标，简单来说，库存绩效指标是一个通过评测库存健康程度而打出的分数。具体的分数可以在买家后台首页的"Inventory Planning"（库存计划）板块中查看，如图 10-19 所示。

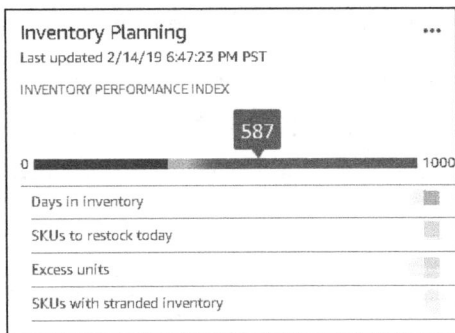

图 10-19

点击分数，可以进入库存绩效详情页，在这个页面中可以查看每项指标的健康情况，分别是 Excess inventory（冗余库存）、Sell-through（销量）、Stranded inventory（无在售信息的库存）和 In-stock inventory（在售库存）。库存绩效指标分为 4 种颜色，如图 10-20 所示，第一段是红色的，第二段是黄色的，第三段是浅绿色的，第四段是深绿色的。其中，红色代表已经低于亚马逊的标准，应该马上采取有针对性的措施，以免拉低库存绩效指标分数；黄色代表处于较低的水平，但还没达到警告的水平，同样需要马上采取有针对性的措施，以免拉低库存绩效指标分数；浅绿色代表良好，但仍然有可以优化的地方；深绿色代表优秀，应该继续保持。

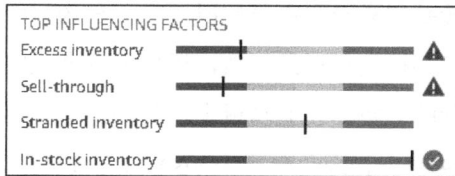

图 10-20

首先，我们要明确，库存绩效指标不只是一个普通的分数，它除了能指引我们如何保证库存健康，还有重要的作用。如果分数保持在 350 分或者以上，那么可以享受无限量仓储；如果分数低于 350 分，那么可能导致仓储限制，也就是限制了发送更多库存的能力，并还会产生额外的费用。也就是说，如果卖家的库存绩效指标低于 350 分，那么卖家入货到 FBA 仓库的数量将会被限制，具体的数量因账号而异，如果超过了仓储限制，就无法发送更多库存，而现有的库存数如果已经超过了仓储限制，就可能会被收取库存仓储超量费（超过仓储限制按 10 美元/英尺 ^{3} 计算）。

提高库存绩效指标分数和最大限度降低亚马逊仓储费用的最佳方法是减少非生产性库存，并将生产性库存保持在合理的水平，同时确保手头有足够的库存以将销售损失降至最低。如果想要提高库存绩效指标分数，那么可以从冗余库存、销量、无在售信息的库存和在售库存四个因素着手。冗余库存百分比较高，代表库存中有一部分产品是积压很久卖不出去的，这时候应该考虑用合理的方法将这部分产品销售出去，可以采取降价或促销等手段，因为库存过多会降低利润；要想让销量指标达到健康的状态，就要使产品的库存量和销量达到平衡，避免库存老化和变得冗余；出现无在售信息的库存这个指标通常是因为某些 Listing 在 FBA 仓库有库存，但是产品详情页信息填写有误，导致不能正常显示并且不能正常售卖，如果出现这种情况就应该修复产品信息，使产品可供销售；要提高在售库存指标，就应该保持最畅销产品有库存，以免销售损失，并帮助提高销售排名。

10.4 如何提高库存周转率

库存周转率是指在某一时间段内库存货物周转的频率，是反映库存周转快慢程度的指标。库存周转率越高表明销售情况越好。在物料保质期和资金允许的条件下，可以适当增加库存控制目标的天数，以保证有合理的库存。反之，则可以适当减少库存控制目标的天数。在亚马逊上，我们通常也会设定一个库存周转率的指标，主要针对 FBA 库存，因此也称为 FBA 库存周转率，计算公式为 FBA 库存周转率=FBA 出货数量/FBA 库存（以月为计算单位）。通过这个比值，我们可以比较直观地看出库存的运转状态，也可以根据这个比值，适当地采取一些措施优化库存。

库存周转率低代表货物运转得慢，即库存太多，但是销量太少。这种情况是十分不利于运营的，原因有两个：第一，库存周转率不高，亚马逊就会认为我们的产品不受买家喜爱，不是亚马逊上的优质产品，因此亚马逊之后可能不会给予我们足够多的流量支持，久而久之，这部分库存周转率不高的库存很可能就会变成滞库。第二，库存周转率低意味着库存在 FBA 仓库存放的时间长，上面提到，亚马逊会收取月度仓储费，如果时间超过 180 天，就会收取长期仓储费。在核算产品利润的时候，由于仓储成本增加，产品利润就会被拉低，甚至会出现负利润的情况。因此，我们必须重视库存周转率这个指标，那么我们应该如何提高库存周转率呢？其实核心思想就是优化库存。

在入库之前，我们应该充分考虑所有的因素，包括产品的需求量（例如，是否属于季节性的产品）、产品销量的增长趋势、运费、仓库费、补货周期等，当然还要看产品自身的属性（例如，是否有保质期、带电产品是否会出现电池老化等问题），这些都是在入库之前要考虑的因素。我们要正确把控入货的数量和入货的频率，这样才能保证有一个良好的库存周转率。举个例子，如果我们的产品属于季节性的产品，就要按照产品的季节性提前做好规划，假设某款产品从 3 月份开始有大量的需求，我们就应该在 1 月中旬开始备货，然后进行来货检测、贴标、打包，再发到 FBA 仓库，时间算下来刚好。

注意：如果遇到旺季，就应该增加准备时间，因为在旺季的时候，亚马逊仓库会有很多货入库，通常会出现货物到亚马逊仓库后几天才能上架的情况。

优化库存可以分为两种情况：

第一，如果货已经在仓库中存放了一段时间，但是销售不出去，导致库存周转率较低，那么在这种情况下我们要考虑采取适当的措施，将库存销售出去。一般可以采取降价或促销等手段，你可能会认为这种做法降低了利润，不符合自身的利润要求，不愿意做降价或促销等活动，其实这种想法不完全正确。首先，从买家的角度考虑，他们在看到有降价或促销活动时，不会想到这个产品做降价或促销是因为这款产品不好、卖不出去，只会考虑这款产品目前在做活动，价格比同类型的其他产品更有优势，从而会选购价格较低的产品。从卖家角度考虑，做降价或促销虽然会在一定程度上拉低利润，但是对于已经滞库的产品，不妨做降价或促销，尽管利润降低了，但是起码还是有利润的；相反，如果一直不采取措施，库存一直存放在亚马逊仓库，就会一直支付 FBA 仓储费，到最后可能产品卖不出去，反而被收取了巨额的仓储费，这就得不偿失了。从亚马逊排名的算法考虑，如果我们做了降价或者促销，订单量会比不做降价或促销的时候要多，按照亚马逊的排名算法，近期的订单量是影响排名的一个重要因素，因此很有可能因为做了降价或促销，促使排名上升。如果排名到达一个比较靠前的位置，并且能够保住这个位置，或许我们可以将滞库产品转化为爆款产品。

第二，库存周转率极高。一般来说，我们希望库存周转率越高越好，但是如果库存周转率极高，我们也需要注意在高周转率的情况下，很容易出现缺货的情况。前文我们已经提过，缺货对 Listing 排名的影响是巨大的。因此，我们应该及时关注销量和库存的变化，要提前做好准备，如果已经出现了缺货的情况，我们就要立即补货，在缺货严重的时候，甚至可以发一些时效比较快的物流，千万不能让产品断货，否则前期辛苦经营的 Listing 的销量可能会因此一落千丈。

总结优化库存的两种常见情况，就是要及时关注库存和销量的变化，及时做出调整，以保持一个健康的库存周转率。

10.4.1　精准入 FBA 仓库

我们都知道，FBA 是亚马逊平台的特色和优势，前文已经提到 FBA 对卖家的重要性，这里就不再重复了。接下来，我们介绍如何精准入 FBA 仓库，以达到更好地把控库存的目的。精准入 FBA 仓库主要分为两种情况，第一种是在产品销售初期，通常是指新产品上线；第二种情况就是在产品销售稳定期。我们将会对这两个时期的产品进行分析，分析在产品的不同时期我们应该怎么精准入 FBA 仓库。

1. 在产品销售初期如何精准入FBA仓库

在产品销售初期，我们在入 FBA 仓库时应该更加谨慎。由于是新产品，我们没有历史的销量数据、流量数据、转化率等可供参考和分析的数据，只能依靠自身产品的特点和市场容量分析、预测。

（1）从自身产品的特点进行预估，我们要熟悉我们的产品，并了解在亚马逊市场上我们的产品与同类型的竞争产品相比是否具有足够的竞争力。例如，产品是我们自己深度开发的。深度开发是指无论从外观、功能还是使用方法等方面都是自己设计的，产品在市面上是唯一的，也就是说具有强大的竞争力的差异性。对于这种产品，我们或许可以稍微增大一点儿库存，因为对买家来说，这种类型的产品是新颖的，或许能够激起买家的购买欲望，甚至成为亚马逊的爆款产品，因此我们可以适当增加库存，但前提是对自己的产品有信心。相反，如果我们即将推出的产品仅仅是从供应商处拿回来的成品，那么我们建议只入少量。由于产品并不是自己设计的，我们只是做贴牌工序，产品并不是真正意义上自己的产品，可能在市面上很多卖家都在卖相同的产品，我们售卖的产品并没有足够的竞争力，在没有产品优势的前提下，我们只能依靠运营技巧。但是由于市面上的同类型产品比我们更早进入市场，已经积累了一定的 Review，转化率和排名都会比我们好。所以，这种类型的产品在第一批入 FBA 仓库的时候，数量不应该太多，我们可以先发小批量产品，观察、记录这款产品的流量和销量情况，如果流量和销量情况都很不错，我们就可以准备补货并加大推广力度，尽可能在短期内将产品推到高的排名。

（2）从市场容量确定首批入 FBA 仓库的数量。我们可以通过分析竞争产品的排名和库存情况，再结合一些辅助网站预估同类型产品的销量，把控我们的入货数量。首先，我们可以每天记录竞争对手的 Listing 排名情况，如果竞争对手的 Listing 排名每天都在上升并且处于比较靠前的位置，那么证明竞争对手每天的出单量都在增长。

注意：在关注排名的时候，一般要关注最大的类目排名中比较靠前的位置，一般的界限是大类排名 10 000 名以内。

我们通过记录竞争对手 Listing 的排名波动情况，可以了解对手的情况，在亚马逊的排名算法中，影响排名的一个重要因素就是订单量，订单量越多的 Listing 排名会越靠前，并且只有订单量逐步增加，对应的大类排名才能同时往前，因此我们可以根据竞争对手的大类排名，推算出竞争对手的 Listing 的出单情况。虽然这不能代表整个市场的情况，但是起码我们可以知道这种类型的产品在亚马逊上是具有一定市场需求的，这些数据对我们之后补货入 FBA 仓库有重要的参考意义。我们知道，亚马逊对卖家销量的数据是不公开的，我们无法知道其他卖家一天卖了多少产品，有多少销售额，但是对于部分卖家的某些 Listing，我们是可以通过一些方法获取数量信息的。不知道你有没有留意过，有的时候我们在前台搜索产品的时候，有些 Listing 会显示 "Only 6 left in stock - order soon."（只有 6 个库存产品 - 欲购从速）这类句子，如图 10-21 所示。

图 10-21

这句话的意思是，目前这个 Listing 的可售卖库存数为 6 个。当然，这个数字不一定是 6，可能是 20 或 20 以内的正整数，也就是说，当某个 Listing 的库存数少于或者等于 20 个的时候，亚马逊前台会显示这句话。当然，亚马逊在统计库存数的时候，只会统计目前 Buybox 拥有者的库存。即使 Buybox 拥有者的库存数为 5 个，而跟卖者的库存数为 50 个，亚马逊的前台也仍然会显示 "Only 5 left in stock - order soon." 的字样。如果我们关注的竞争对手的库存数恰巧少于 20 个或者正好是 20 个，我们就能非常直观地看出竞争对手的销售情况，例如竞争对手今天的 Listing 显示 "Only 20 left in stock - order soon."，到明天变成 "Only 5 left in stock -

order soon.",我们就可以推算出竞争对手销售了 15 件产品。当然,这种方法只有在竞争对手库存数到达 20 件这个界限的时候,才能使用,具有一定的局限性。另外,对于卖得较好的产品,卖家一般都会做好库存的把控,一般不会出现低库存的情况。

下面介绍另一种推算竞争对手销售情况的方法,同样依靠关注库存变化的情况推算竞争对手的销售情况。首先,我们要准备一个亚马逊的买家账号,注意这个买家账号是不需要产生真实购买行为的,所以我们可以申请一个新的亚马逊买家账号,但是不需要绑定信用卡,或者直接使用我们的卖家账号登录亚马逊前台同样可行。这里先说明一点,其实当我们创建亚马逊卖家账号的时候,其实就已经同时开通了买家功能,也就是说我们的卖家账号同时也是一个买家账号。在准备好买家账号之后,我们打开亚马逊前台,然后登录买家账号,找到需要跟踪的 Listing,进入产品详情页,单击"Add to Cart"(加入购物车)按钮,也就是加到我们的购物车里面,如图 10-22 所示。

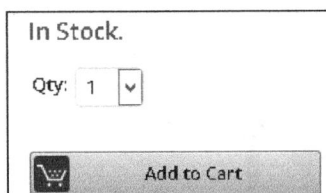

图 10-22

然后,页面会跳转到加入购物车成功的页面,如图 10-23 所示,单击"Cart"(购物车)按钮,进入购物车管理页面,在这个页面中我们可以看到目前购物车里面有什么产品和已经加入购物车的产品对应的数量,找到刚刚加入购物车的产品,在数量那里,填写一个比较大的数字,以 300 为例,如图 10-24 所示,单击"Update"(更新)按钮。这时,如果这个 Listing 的库存数少于 300 个,亚马逊的系统就会提示我们,当前这个 Listing 的可售卖库存数为××个,像我们刚刚找的这个 Listing 的例子,当我们试图将 300 个产品放入购物车的时候,由于这个 Listing 目前的可售卖库存数仅为 81 个,因此系统就会提示如图 10-25 所示的一句话,大概的意思是当前 Listing 的可售库存数为 81 个。我们可以每天用这个操作方法查看竞争对手的库存情况,然后推算出竞争对手每天的销量。当然,我们要想达到预估市场容量的目的，只跟踪一个卖家的数据是远远不够的，应该用大量的数据综合起来，才能得到更准确的预测。当然，这种方法并不适用于亚马逊上的所有 Listing，因为有部分卖家为了防止竞争对手监控自己的销售情况，同时也防止竞争对手的恶意购买，可能会在上传产品的时候设置最大购买数量。对于这种 Listing，我们是不能用这种方法监控它的销售情况的。

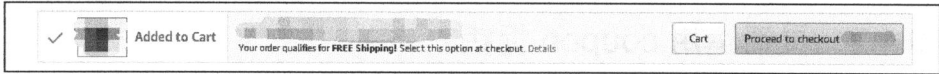

图 10-23

图 10-24

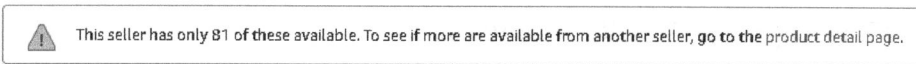

图 10-25

前面说的都是做市场预估，我们应该以市场的数据作为参考依据，还要结合自身的情况，确定入 FBA 仓库的数量。

2. 在产品销售稳定期如何精准入FBA仓库

一款成熟的产品在入 FBA 仓库的时候，我们要思考的问题就与初期要思考的问题不一样了。我们会有大量成熟产品的数据，最核心的数据是产品的销售情况。我们还需要考虑季节的影响、Listing、Review 星级的变化、排名的变化、Listing 的运营策略等。先说最核心的数据：销量。首先，我们希望每个 Listing 的销量都是一直增长的，因此，对于库存数量，我们也要适量增加，但是要注意尺度。按照我们的经验和整合一些做得比较好的同行的建议，我们一般建议 FBA 库存应该控制在 60～100 天。什么是 60～100 天的库存呢？举个例子，如果我们从历史的数据中得出，某个 Listing 每个月能卖出 300 件，那么我们就应该备 600～1000 件的库存，这个数据仅仅是我们的建议，你要根据自己产品的实际情况决定备货的量。除了销售数据，其他的因素也应该纳入考虑范围。举个最简单的例子，季节因素。如果我们的产品是受季节影响比较大的产品，像夏天的游泳设备、冬天的保暖设备等，这些产品就很明显会受季节的影响，而且影响比较大，我们就要提前做好库存的把控。其实对于成熟的产品，每个卖家都会有属于自己的备货思路，但是需要注意的是，对于成熟的产品线，备货的思路应该遵循一个原则，即保证 Listing 不缺货。

10.4.2　灵活运用 coupon 促销

对于同样的或者同类型的产品，大多数人倾向于购买价格较低的那款。因此我们可以根据买家的这种心理，制定对应的运营策略。

首先，我们要了解什么是亚马逊 coupon。亚马逊 coupon，其实就是亚马逊的优惠券，也是折扣码。首先，卖家需要在后台设置一个 coupon 的活动，coupon 是针对 ASIN 设置的，当设置好 coupon 提交审核并且审核通过之后，买家就能在前台看到 coupon 的特殊标识，如图 10-26 所示

买家通过使用 coupon 下单购买就能享受减免 5%的折扣。当然，这个百分比可以根据卖家的要求设置，最低的 coupon 折扣是减免 5%。

下面讲解如何创建 coupon 活动。首先，在后台找到"Advertising"（广告）菜单下的"Coupons"选项，如图 10-27 所示。

图 10-26

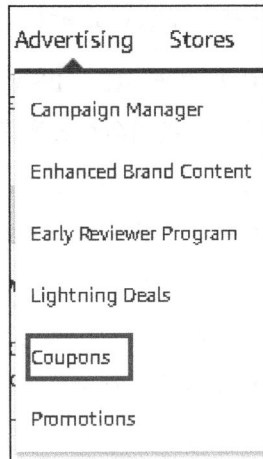

图 10-27

然后，单击"Create a new coupon"（创建新的优惠券）按钮，如图 10-28 所示。

图 10-28

在左侧的"Products"（产品）搜索栏中输入我们想要加入 coupon 活动的 ASIN 或者 seller SKU，然后单击"Go"（确认）按钮，如图 10-29 所示。

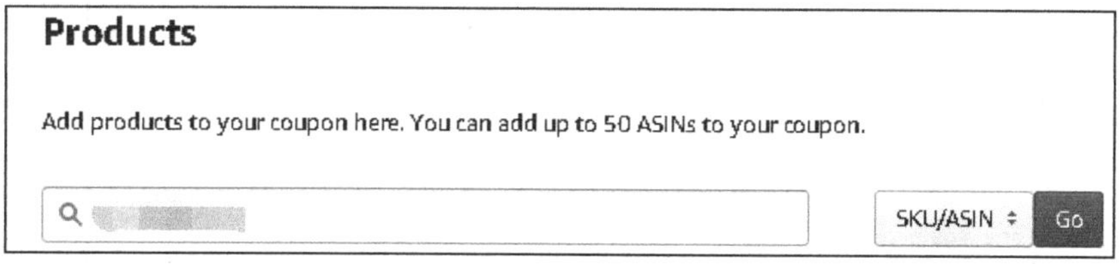

图 10-29

在确认产品信息无误后，单击"Add to coupon"（加入优惠券）按钮，如图 10-30 所示。

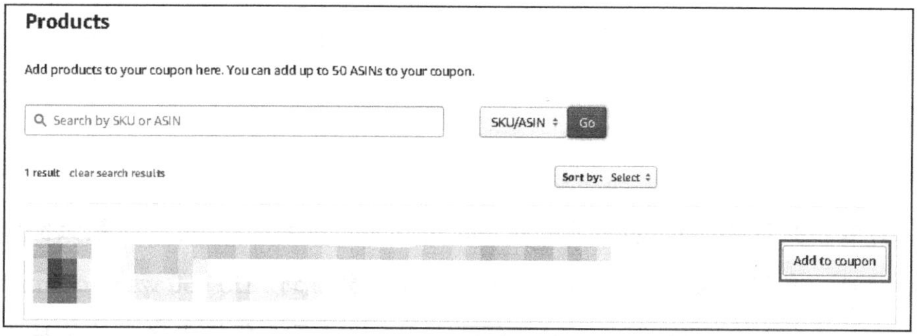

图 10-30

在单击之后，在右侧的"Added to coupon"列表中会看到刚刚加入 coupon 活动的产品信息，如果产品信息有误，那么可以单击"Remove"（移除）按钮将产品从列表中移除；如果信息确认无误，就可以单击"Continue to next step"（继续下一步）按钮，如图 10-31 所示。

coupon 的折扣类型一共有两种："Money Off"（金额减免）和"Percentage Off"（百分比减免）。Money Off 其实就是直接减免金额，我们可以设置任意的金额，但是要注意这个金额必须是大于或者等于 1 的整数，如图 10-32 所示。Percentage Off 是按照金额的百分比进行减免的，如果选择 Percentage Off，折扣的百分比就必须为 5%～80%，并且设置的百分比必须是整数，不可以是小数，如图 10-33 所示。

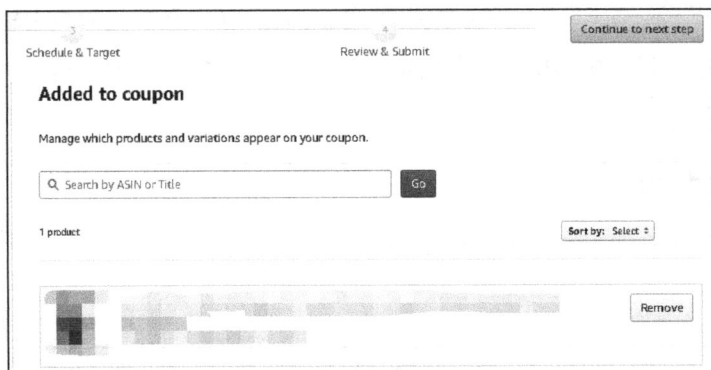

图 10-31

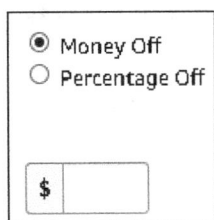

图 10-32

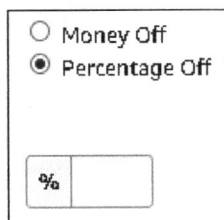

图 10-33

注意：亚马逊对 coupon 设置的要求是折扣为过去 30 天内产品最低价格的 5%～80%。我们在设置 coupon 的适用范围时，会看到 "Do you want to limit the redemption of your coupon to 1 per customer?"（您是否希望将优惠券的兑换限制为不可重复兑换？）意思是亚马逊想知道设置的 coupon 对兑换限制次数是否为一个买家只能领取一次。相对应的选项为两个，分别是 "Yes, limit redemption to one per customer"（是的，将兑换限制为每个买家一次）和 "No, allow my coupon to be redeemed multiple times by same customer"（不，允许我的优惠券被同一个买家多次兑换），至于具体选择哪一个，你可以自己衡量。如果为了清空库存或者冲销量，那么可以设置允许一个买家多次兑换，但是如果折扣力度比较大，害怕被瞬间清空库存或者被竞争对手恶意购买，那么可以设置只允许一个买家领取一次，如图 10-34 所示。

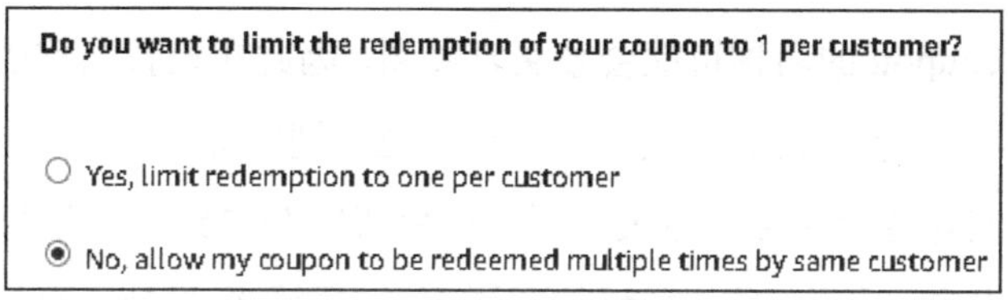

图 10-34

在设置好折扣和兑换次数后，还需要设置 coupon 的预算，如图 10-35 所示，预算的最小金额为 100 美元。

在设置好后，单击"Continue to next step"（继续下一步）按钮，如图 10-36 所示。

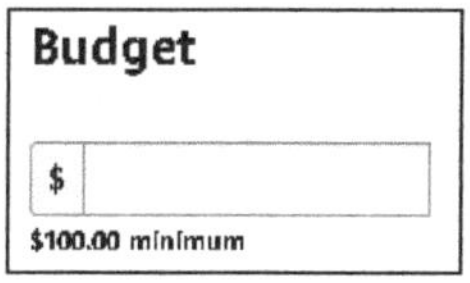

图 10-35

图 10-36

接下来，需要为这个 coupon 设置一个名称，这个名称除了用来给卖家区分各个 coupon 以外，还会显示在前台的购买页面中，买家在 coupon 的后面，单击"Details"（详情）链接即可查看这个 coupon 的名称，如图 10-37 和图 10-38 所示。

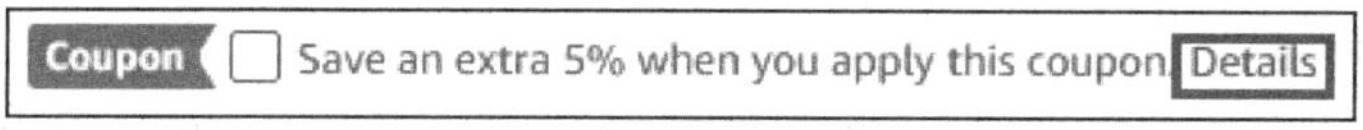

图 10-37

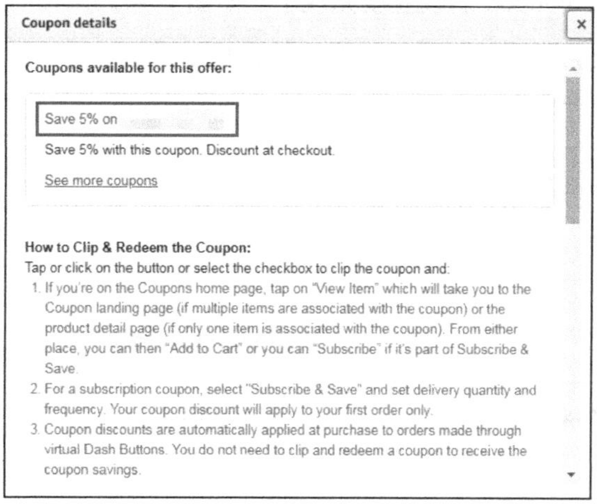

图 10-38

由于这个 coupon 的名称可能会被买家看到，因此在设置名称的时候，就要注意，不管做这个 coupon 的目的是提高转化率还是清空库存，我们在 coupon 命名的时候都不应该写清空库存的相关字眼，以免买家在看到后会觉得我们的产品是滞销品，卖不出去。我们可以直接以产品的关键词或者"Hot sale"（热卖）等关键词命名。然后，选择面对的买家，分别有"All customers"（所有买家）、"Amazon Prime members"（亚马逊 Prime 会员）、"Amazon Student members"（亚马逊学生会员）、"Amazon Family members"（亚马逊家庭成员）。我们的 coupon 一般适用于所有买家，所以选择"All customers"，如图 10-39 所示。

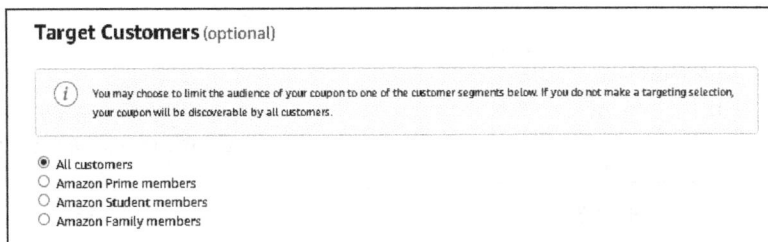

Target Customers (optional)

ⓘ You may choose to limit the audience of your coupon to one of the customer segments below. If you do not make a targeting selection, your coupon will be discoverable by all customers.

◉ All customers
○ Amazon Prime members
○ Amazon Student members
○ Amazon Family members

图 10-39

我们需要设置 coupon 的生效日期和截止日期，coupon 的有效时间为 1～90 天，如图 10-40 所示。在确认后单击"Continue to next step"（继续下一步）按钮，如图 10-41 所示。

最后，在确定信息无误后，就能单击"Submit coupon"（提交优惠券）按钮确定 coupon 的设定，coupon 的设置就完成了，如图 10-42 所示。当亚马逊系统对这个 coupon 审核通过之后，coupon 就能在前台显示了。

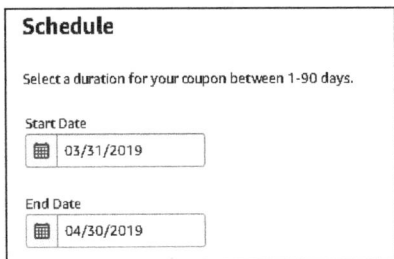

Schedule

Select a duration for your coupon between 1-90 days.

Start Date
📅 03/31/2019

End Date
📅 04/30/2019

图 10-40

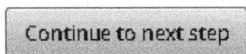

Continue to next step

图 10-41

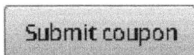

Submit coupon

图 10-42

第 11 章

亚马逊的产品 Review

首先，我们来了解什么是 Review。亚马逊的产品 Review 的展示位置如图 11-1 所示，图中的 Review 包含了 5 星、4 星半和 4 星这三种星级。买家在购物的时候，除了关注价格、产品质量，也会关注产品 Review。产品 Review 的星级正是产品质量的最好体现。在价格和产品功能差异不大的情况下，买家更愿意购买星级更高的产品，因为这样的产品会给人质量更可靠的感觉。除了产品整体的 Review 星级，Review 数量也是一个很重要的因素，Review 数量更多的 Listing 会给买家更可靠、更真实的感觉。

当把鼠标放到星级的图标上时，会弹出一个各星级占比的展示图，如图 11-2 所示。可以清楚地看出，1 星到 5 星各占了多少比例，如果好评（4 星和 5 星）占比越高，那么买家购买的概率越大；相反，如果差评（1 星和 2 星）占比越高，那么买家购买的概率越小。

单击标题进入产品详情页，在产品详情页的最下面，就是产品 Review 的详细展示页面，可以详细看到每一条产品 Review，如图 11-3 所示。若想查看关于这个 Listing 的全部 Review，则可以单击下方的"See all 1819 reviews"，如图 11-4 所示。

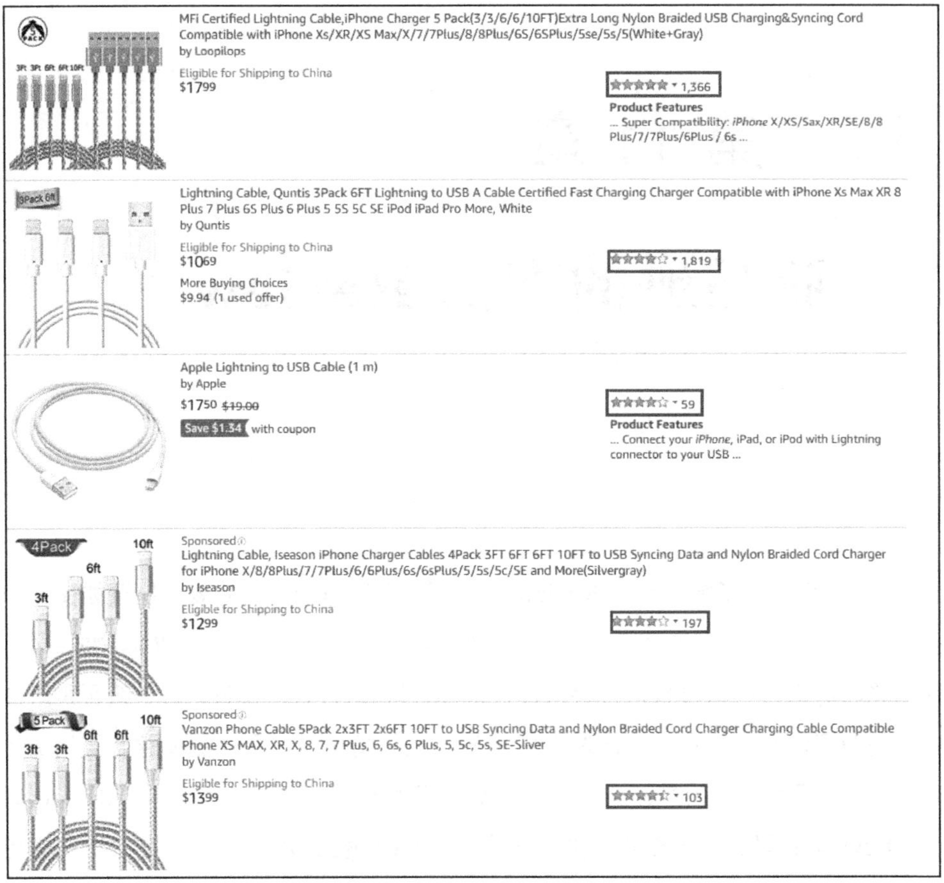
MFi Certified Lightning Cable,iPhone Charger 5 Pack(3/3/6/6/10FT)Extra Long Nylon Braided USB Charging&Syncing Cord Compatible with iPhone Xs/XR/XS Max/X/7/7Plus/8/8Plus/6S/6SPlus/5se/5s/5(White+Gray)
by Loopilops
Eligible for Shipping to China
$17.99
1,366
Product Features
... Super Compatibility: iPhone X/XS/Sax/XR/SE/8/8 Plus/7/7Plus/6Plus / 6s ...
Lightning Cable, Quntis 3Pack 6FT Lightning to USB A Cable Certified Fast Charging Charger Compatible with iPhone Xs Max XR 8 Plus 7 Plus 6S Plus 6 Plus 5 5S 5C SE iPod iPad Pro More, White
by Quntis
Eligible for Shipping to China
$10.69
1,819
More Buying Choices
$9.94 (1 used offer)
Apple Lightning to USB Cable (1 m)
by Apple
$17.50 $19.00
59
Save $1.34 with coupon
Product Features
... Connect your iPhone, iPad, or iPod with Lightning connector to your USB ...
Sponsored
Lightning Cable, Iseason iPhone Charger Cables 4Pack 3FT 6FT 6FT 10FT to USB Syncing Data and Nylon Braided Cord Charger for iPhone X/8/8Plus/7/7Plus/6/6Plus/6s/6sPlus/5/5s/5c/SE and More(Silvergray)
by Iseason
Eligible for Shipping to China
$12.99
197
Sponsored
Vanzon Phone Cable 5Pack 2x3FT 2x6FT 10FT to USB Syncing Data and Nylon Braided Cord Charger Charging Cable Compatible Phone XS MAX, XR, X, 8, 7, 7 Plus, 6, 6s, 6 Plus, 5, 5c, 5s, SE-Sliver
by Vanzon
Eligible for Shipping to China
$13.99
103

图 11-1

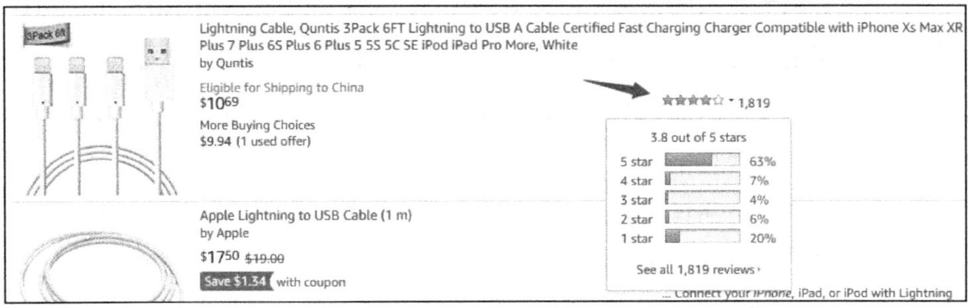
Lightning Cable, Quntis 3Pack 6FT Lightning to USB A Cable Certified Fast Charging Charger Compatible with iPhone Xs Max XR Plus 7 Plus 6S Plus 6 Plus 5 5S 5C SE iPod iPad Pro More, White
by Quntis
Eligible for Shipping to China
$10.69
1,819
More Buying Choices
$9.94 (1 used offer)
3.8 out of 5 stars
5 star 63%
4 star 7%
3 star 4%
2 star 6%
1 star 20%
See all 1,819 reviews
Apple Lightning to USB Cable (1 m)
by Apple
$17.50 $19.00
Save $1.34 with coupon

图 11-2

Customer images

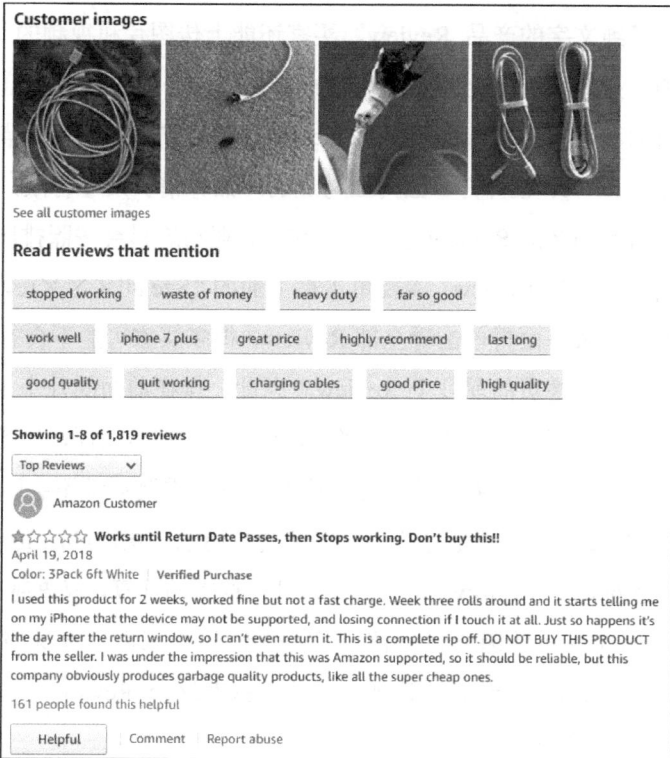

See all customer images

Read reviews that mention

stopped working　　waste of money　　heavy duty　　far so good

work well　　iphone 7 plus　　great price　　highly recommend　　last long

good quality　　quit working　　charging cables　　good price　　high quality

Showing 1-8 of 1,819 reviews

Top Reviews ∨

Amazon Customer

★☆☆☆☆ **Works until Return Date Passes, then Stops working. Don't buy this!!**
April 19, 2018
Color: 3Pack 6ft White　|　Verified Purchase

I used this product for 2 weeks, worked fine but not a fast charge. Week three rolls around and it starts telling me on my iPhone that the device may not be supported, and losing connection if I touch it at all. Just so happens it's the day after the return window, so I can't even return it. This is a complete rip off. DO NOT BUY THIS PRODUCT from the seller. I was under the impression that this was Amazon supported, so it should be reliable, but this company obviously produces garbage quality products, like all the super cheap ones.

161 people found this helpful

Helpful　|　Comment　|　Report abuse

图 11-3

Adam Bauman

★☆☆☆☆ **Does not work with 6S**
May 24, 2018
Color: 3Pack 6ft White　|　**Verified Purchase**

Bought these and they do not work with my phone. Wish I could give it a zero.

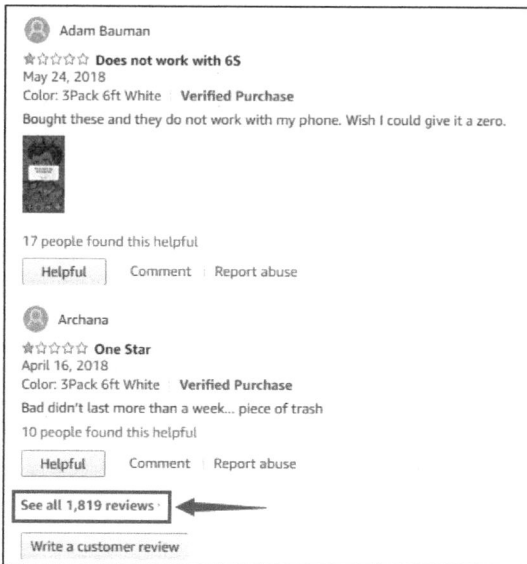

17 people found this helpful

Helpful　|　Comment　|　Report abuse

Archana

★☆☆☆☆ **One Star**
April 16, 2018
Color: 3Pack 6ft White　|　**Verified Purchase**

Bad didn't last more than a week... piece of trash

10 people found this helpful

Helpful　|　Comment　|　Report abuse

See all 1,819 reviews ◄────

Write a customer review

图 11-4

当然，除了纯文字的产品 Review，买家还能上传图片和视频的 Review，这些带有图片和视频的 Review 会增加影响力，其他进入产品详情页浏览的买家会比较关注排在前面和带有图片、视频的 Review。这里我们探讨以下两点：

（1）详情页 Review 的排序。因为亚马逊的产品详情页尺寸有限，所以在一个页面里无法将所有的产品 Review 全部展示出来。亚马逊只会按照排序展示 6～10 个 Review，若要看全部 Review，需要单击最下面的"See all×××reviews"链接。由于需要拉到页面最下面再单击看全部 Review，很多买家可能不会有耐心，他们可能只会看展示在详情页的前几个 Review。因此，排在前面的几个 Review 就显得尤为重要，试想一下，如果排在前面的 Review 全部都是差评，如图 11-5 所示，那么买家还会对产品有信心吗？我相信大多数买家在看到后都不会购买；相反，如果排在前面的 Review 全都是好评，买家就会更愿意购买。产品 Review 排序的算法是，亚马逊对每一个"Review"（评论）进行权重的计算，权重越高的 Review 排名越靠前。影响权重的因素包括留下 Review 的买家账号本身的权重和这个 Review 对其他买家有没有帮助［体现在其他买家对这个 Review 单击"Helpful"（有用的评论）按钮的次数］。

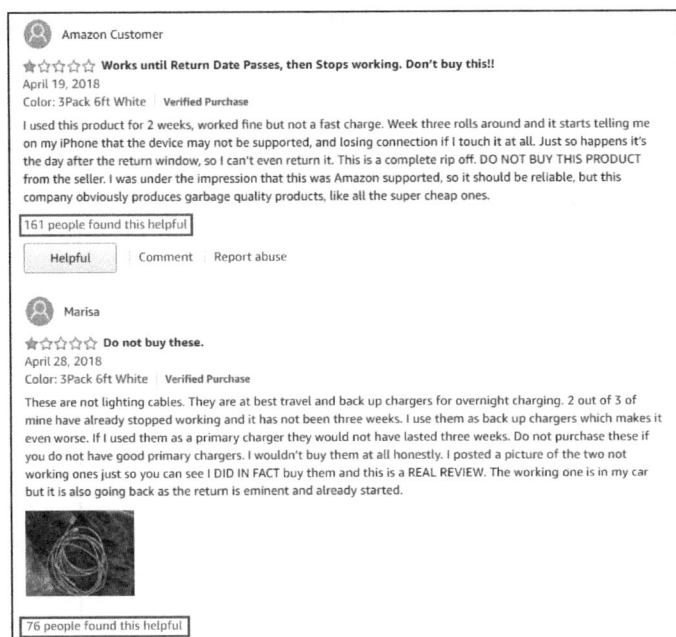

图 11-5

（2）带有图片和视频的 Review。有些买家喜欢看带有图片和视频的 Review，而且亚马逊也提供快捷看 Review 图片的功能，如图 11-6 所示。同样，如果想要看全部带有图片和视频的 Review，那么需要单击"See all customer images"（查看所有客户照片）链接，展示效果如图 11-7 所示。如果我们的产品有带有图片和视频的 Review，而且这些 Review 都是好评，那么对转化率是有帮助的。至于如何获取更多带有图片和视频的好评，首先需要提供品质过硬的产品，还要给买家最好的售前和售后服务，这样买家就会很愿意留下他们真实的 Review。

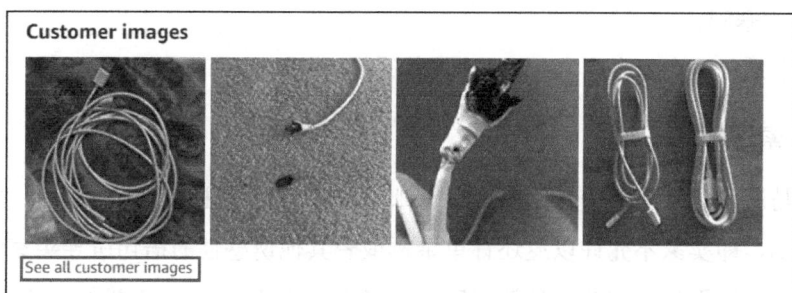

图 11-6

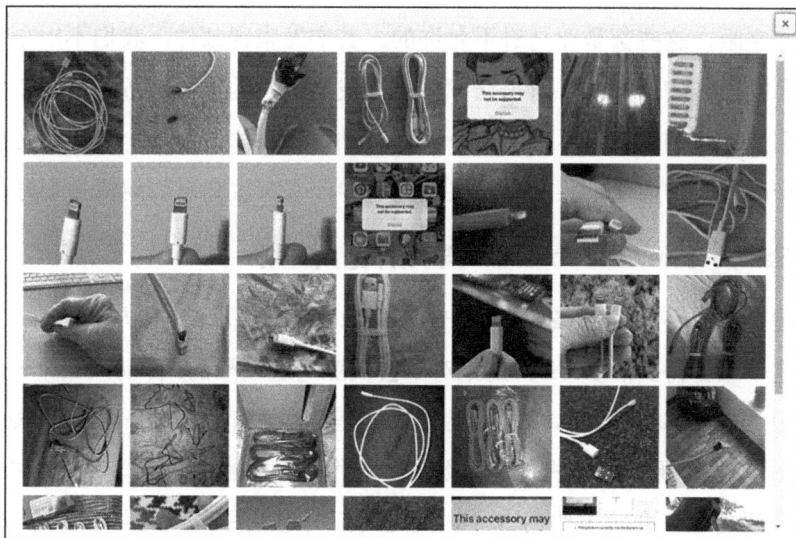

图 11-7

产品 Review 是带动 Listing 销量和排名的重要因素，好评会提高转化率，转化率提高了销量自然就提高了，而影响排名的一个重要因素就是销量，销量提高了，排名就会往前升，排名在靠前之后，就会获得更多流量，从而获得更多出单机会，这样就形成了一个闭环。由此可见，产品 Review 是十分重要的，而且也是帮助我们提高销量的一个有效的"工具"。

既然亚马逊的产品 Review 这么重要，我们就希望获得更多、更好的 Review，那么怎么才能正确、安全地获得买家的真实 Review 呢？要想获取好评，前提是产品必须是高质量的产品，如果产品质量不过关，给买家造成了不好的使用体验，买家就不会留好评，说不定还会留一个差评。所以，产品质量很重要，是获得 Review 的基础。

以下是获得卖家真实 Review 的几种途径。

1. 索评邮件

亚马逊是允许卖家向买家发送索评邮件的，但是要注意，虽说允许，但是有一些限制，即卖家不允许以返还订单金额或者其他诱惑性的语句引导买家留评。亚马逊认为这不是真实的产品使用感受，属于虚假 Review，违背了产品 Review 的本质。因此，卖家在发送索评邮件时，要注意不要提及"留好评，我们退款给你"这些字眼，这些都是亚马逊不允许的。其实发索评邮件，我们不用刻意强调希望买家能给我们留好评，只需在邮件里写我们提供的售后服务或者在使用产品过程中需要注意的地方，尽可能地表现出体贴，让买家觉得这个卖家服务周到，再加上产品过硬的质量，相信不需要刻意引导，买家也会自动地留一个好评。

2. Early Reviewer Program（早期评论人计划）

这是目前获得 Review 最安全的一个方法，由于是亚马逊官方推出的项目，所以通过这个项目得到的 Review 是绝对不会被亚马逊删除的。目前，Early Reviewer Program 只在美国站点开放，其中的运营模式是某个 ASIN 在申请了 Early Reviewer Program 后，亚马逊就会随机地邀请购买了这个 ASIN 的买家参与评论，如果他们留评了，亚马逊就会给予他们 1～3 美元的亚马逊礼品卡作为回报。通过 Early Reviewer Program 留的 Review 会有独特的标识，如图 11-8 所示。申请 Early Reviewer Program 的费用是 60 美元，最多能够得到 5 个 Review，但是 Review 的星级无法控制，取决于买家的真实使用感受，所以产品质量很重要。你如果对产品质量不是特别有信心，那么不要参加 Early Reviewer Program，不然花 60 美元换来差评就得不偿失了。在成功申请了 Early Reviewer Program 后，亚马逊并不是立即收取 60 美元的费用，而是在买家成功留一个 Review 后再收取。另外，这个项目的时效为 1 年，从申请后开始计算，在接下来的一年内，亚马逊都会随机邀请买家留评，在 1 年期限到了后，这个 ASIN 的 Early Reviewer Program 就会自动完成。

注意：在 1 年时效结束时，有可能通过 Early Reviewer Program 留的 Review 不足 5 个，对于这种情况，亚马逊收取的 60 美元是不会退还的。所以，卖家要衡量自己的产品是否适合参加 Early Reviewer Program，如果产品很冷门，就很有可能得不到 5 个 Review。

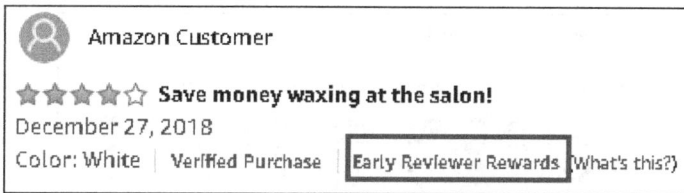

图 11-8

要参加 Early Reviewer Program，必须满足以下几点：

（1）已经注册了美国品牌，并且在亚马逊上完成了品牌备案。

（2）产品目前的 Review 少于 5 个。

（3）产品单价大于 15 美元。

另外，如果有变体，那么只能添加父 ASIN，一旦创建成功，就无法修改、取消和退款。

在满足了以上条件后，我们就能创建 Early Reviewer Program 了。单击 "Advertising" 菜单中的 "Early Reviewer Program" 选项，如图 11-9 所示。

在进入 Early Reviewer Program 的页面后，单击 "Get started"（立即开始）按钮，如图 11-10 所示。

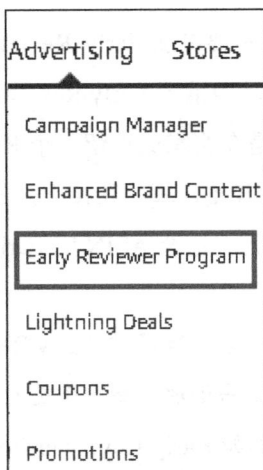

图 11-9

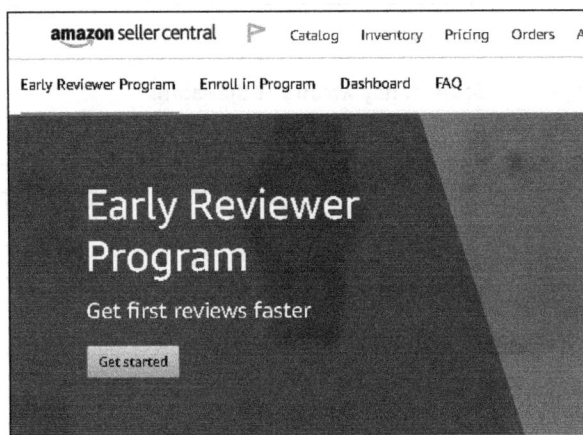

图 11-10

输入要申请 Early Reviewer Program 的产品 SKU，注意是后台的"Seller SKU"，然后单击"Check eligibility"（检查资格）按钮，如图 11-11 所示。

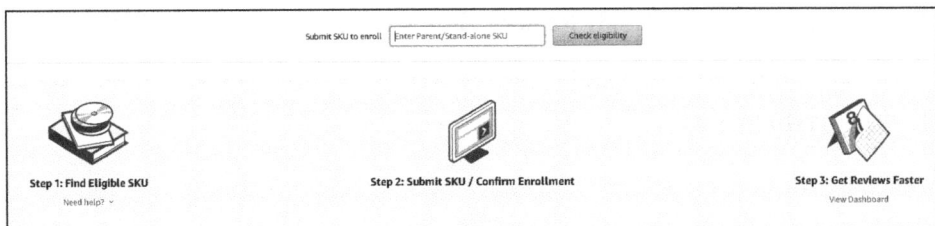

图 11-11

在确认产品信息无误后，就可以单击"Enroll in program"（注册计划）按钮了，申请就完成了，如图 11-12 所示。

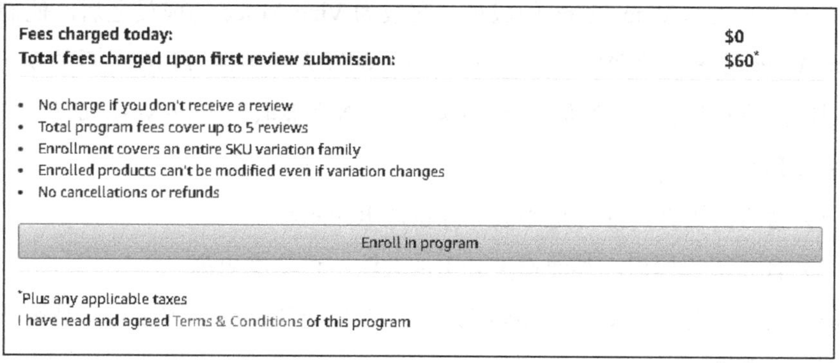

图 11-12

3. "Vine Review"（Vine评论）

亚马逊规定，不能使用第三方机构通过折扣或者免费赠送产品来获取 Review，但是如果通过亚马逊 Vine Voice（亚马逊在 2016 年启动的一个项目）项目组的人发送折扣码或者免费赠送测评，是合规的。

Vine Review 是指 Vine Voice 社区的成员通过 Vine Voice 项目免费得到产品，在使用后根据真实的使用感受留下的 Review。由于是通过 Vine Voice 项目获得的 Review，因此在产品详情页会有独特的 Review 标识，每一个 Review 都会有一行绿色文字"Vine Customer Review of Free Product"（Vine 顾客评论来源于免费产品），如图 11-13 所示。

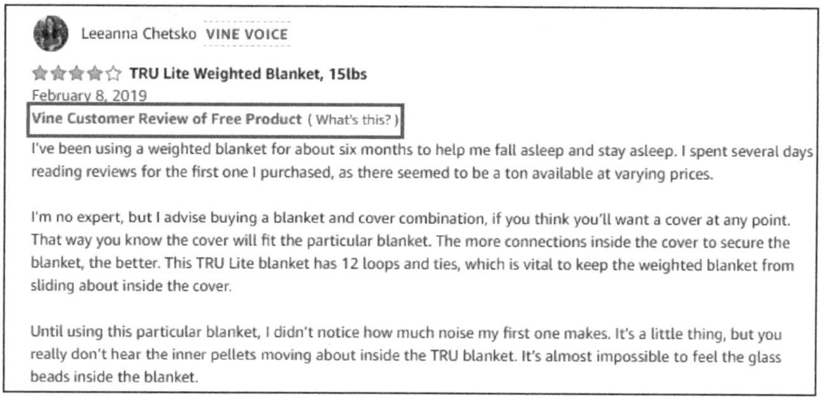

图 11-13

Vine Voice 项目的整个流程如下：在亚马逊 Vine Voice 社区里会有一些测评的成员，这些成员只有通过邀请才能进入 Vine Voice 社区，亚马逊只会邀请一些记录良好的卖家成为 Vine Voice 的成员，在成为 Vine Voice 的成员之后，他们能够在 Vine Voice 社区里免费申请产品进行测评。测评人在申请得到产品后的 30 天内，必须对产品进行评价，也就是留 Review，否则将会被取消 Vine Voice 成员的资格。

Vine Review 的优势：

（1）官方的测评，亚马逊不会删除留的 Review。

（2）有独特的标识，其他卖家会更加关注，可信度更高。

（3）权重更高，如果在前期能积累到好的 Vine Review，那么对产品销量的增加会有很大帮助。

Vine Review 的劣势：

（1）不一定是好评。

（2）需要申请并且把产品送到特定的仓库，整个测评周期较长。

（3）成本较高，除了产品成本和运输费用，还需要申请 Vine Voice 项目的报名费。

申请参与 Vine Program 的要求：

（1）需要收到亚马逊 Vine Program 的邀请或者账号为 VC 账号，如果两者都没有，那么可以通过服务商申请参与 Vine Program。

（2）产品必须有 UPC 编码。

（3）产品属于非限制留评的类目。

（4）不可参与 Vine Program 的产品（以美国站为例）有电源和服饰类产品。

第 12 章

海 外 收 款

亚马逊平台每隔 15 天便会将货款打到卖家的收款账号中,这个收款账号需要是境外的账号,如果没有境外账号,就要通过第三方平台收款。面对众多的跨境电商收款方式,应该怎么选择呢?

1. Payoneer

这是一个元老级别的服务商,基本上早期在亚马逊上开店的卖家都使用它收款。同时,Payoneer 也被很多人称为 P 卡,支持美元、英镑、欧元、日元、加拿大元、澳大利亚元等。只需一个 Payoneer 账号,就能开通不同币种的收款账号,适合开通多站点的卖家使用。另外,Payoneer 的优势有资金高效流转(人民币转账到中国大陆银行账号最快 1 个工作日到账;港币、原币种转账到中国香港银行账号最快 1 个工作日到账),提供缴费功能(支持物流商缴费、ERP 充值缴费、VAT 缴费)和其他功能(免费转账给其他 Payoneer 用户,支持 ATM 取现、实体店或网上消费)。在费率方面,综合费率为 1.2%,但费率会采取阶梯式费率,会根据累计入账额度调低,具体的阶梯费率可自行到官网查阅。

2. WorldFirst

WorldFirst 也是一个老牌的服务商，支持英镑、欧元、美元、加拿大元、澳大利亚元、新西兰元和日元等收款，通过和中国境内持有收款牌照的机构合作，把销售款项转账到国内的银行账户。开通 WorldFirst 账户和资金转入 WorldFirst 账户均免费，使用 WorldFirst 将美元、英镑或欧元转换成人民币，并且每笔转账金额不少于 250 美元或等值其他货币，即可享受 1%费率封顶的优惠。1%费率为收取的唯一费用，无月费、手续费、入账费等其他任何费用。

3. PingPong

PingPong 是一家中国人创立的全球收款公司，支持美元、英镑、欧元、日元、澳大利亚元、加拿大元、新加坡元等收款，最大的特点是回款快。PingPong 跨境收款最快 2 小时即可提现到账，并且为卖家提供了更多本地化的增值服务。PingPong 为所有卖家收款，不区分币种，收费标准一般为提现金额的 1%。如果月营业额在 10 万美元以上，可以联系卖家经理提升收款效率、降低跨境成本。

4. 连连支付

连连支付成立于 2003 年，是国内独立的第三方支付公司。连连支付在欧洲、北美洲、南美洲、亚洲等多个国家和地区设立了海外持牌金融公司，与全球众多知名金融机构和电商平台达成了合作，成功对接了国内 11 个电子口岸，支持全球 16 个主流结算币种。连连支付最大的特点是提现到账时间短，根据选择的提现方式，人民币提现的到账时间如下：

① 优享提现：工作日 10:00—16:00 发起提现，五分钟内到账。

② 快速提现：工作日 16:00—次日 10:00、非工作日期间发起提现，五分钟内到账。

③ 普通提现：工作日 10:00 前发起提现当天到账，工作日 16:00 后和非工作日发起提现，第二个工作日到账，节假日和周末顺延。

外币提现的到账时间为发起提现后的 1 个工作日，节假日和周末顺延。

第 13 章

数据工具，让工作更有效率

13.1 运营工具

1. MerchantWords

对于 MerchantWords 来说，只开通美国市场的价格为 30 美元/月，开通全球市场的价格为 60 美元/月。

MerchantWords 的主界面如图 13-1 所示，可以具体查询每个关键词近期在亚马逊上的搜索量，即关键词热度。这个工具最大的特点是它的数据来自亚马逊，里面的热度由亚马逊搜索框上的搜索次数决定，针对性较强。另外，我们在 MerchantWords 上搜索主关键词的时间，就会展现与主关键词相关的长尾词。我们可以把这些词添加为 Listing 和广告的关键词，所以 MerchantWords 是个很实用的工具。目前，MerchantWords 除了支持亚马逊美国站，还支持英国站、加拿大站、德国站、法国站、西班牙站、墨西哥站、意大利站、澳大利亚站、印度站和日本站共 11 个站点，每个站点的数据都各自区分，多站经营的卖家如果开通一个全球市场的套餐，就可以查询这 11 个站的关键词热度。

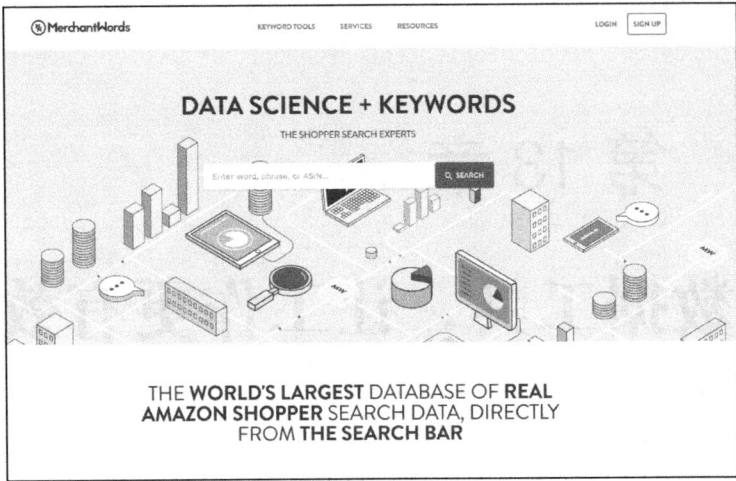

图 13-1

2. Jungle Scout

不同版本 Jungle Scout 的费用不同，详情见图 13-2。

图 13-2

Jungle Scout 是一个功能较多的工具，主要的功能有"Product Database"（产品数据库）、"Product Tracker"（产品跟踪器）、"Keyword Scout"（关键词搜索器）、

"Supplier Database"（供应商数据库）等，另外 Jungle Scout 除了有官网，还有 Chrome 浏览器的插件版本，主要提供竞争对手排名和价格跟踪。除了提供功能上的服务，Jungle Scout 还有自己的论坛，提供给各位卖家一个相互学习、交流信息的平台。

3. AMZ Tracker

AMZ Tracker 的价格为 100 美元/月。

AMZ Tracker 是一款针对亚马逊平台的综合性软件，有自动发邮件、追踪关键词的表现、追踪某些 Listing 的表现、计算产品利润等功能，整体的功能很强大。另外，AMZ Tracker 还自带一个有很多流量的亚马逊 Deal 网站——VIPON。当然，功能如此强大，收费也很高，你可以根据自身情况考虑是否使用。AMZ　Tracker 的展示页面如图 13-3 所示。

图 13-3

13.2　ERP工具

1. 赛盒ERP

根据订购时间的长短，赛盒 ERP 的具体费用不一样，你可以自行咨询。

赛盒 ERP 是一个专门解决跨境电商一体化的 ERP，主要针对在亚马逊、eBay 等跨境电商平台上开店的企业，主要的功能有销售数据汇总、批量上传产品、邮件回复、订单处理、FAB 仓库管理、利润核算、广告优化等。赛盒科技的网站首页如图 13-4 所示。

图 13-4

2. 通途ERP

通途 ERP 是为从事跨境电商业务的企业和个人提供协同管理服务的云应用平台，深度对接 eBay、Amazon、AliExpress、Wish、Lazada、京东国际、Cdiscount、Newegg、Priceminister、1688、敦煌网、Shopify、Shopee、MercadoLibre、Walmart、Joom、My.com、Factorymarket、Tophatter、Yandex 等主流交易网站和众多物流服务企业，性能卓越、安全稳定，针对采购、订单、发货、仓储、售后、统计等电商运营关键环节，可以帮助卖家进行一站式、智能化、自动化管理，提升运营效率和降低成本。通途的网站首页如图 13-5 所示。

图 13-5

13.3　物流类工具

1. Trackingmore

Trackingmore 是一个查询物流妥投的网站，在该平台上同时可以查询多个物流的情况，而不需要分别去 UPS、USPS、DHL 的官网单独查询，较为方便。
Trackingmore 的网站首页如图 13-6 所示。

图 13-6

2. 出口易

出口易主要提供货物的进出口运输服务，在国内和国外都设有自己的仓库，
能提供中转和仓储服务。另外，这家公司也提供亚马逊物流服务，包括 FBA 头程
运输、FBM 散单，具体的费用和时效会根据淡旺季而有所变动，你可以自行咨询。
出口易网站的首页如图 13-7 所示。

图 13-7

13.4　办公协同工具

1. Tower

Tower 是一个功能强大而且很实用的办公协同工具。在这个网站中，我们可以设定属于自己公司的团队和任务，能够把任务指派给特定的团队成员和设定任务时间。Tower 非常适合公司内部使用，能有序地跟进每项任务，而且还可以实时更新任务的进度。另外，我们还能够将一些文件和图片等发到 Tower 上，用于存档和备份。Tower 的网站首页如图 13-8 所示。

图 13-8

2. 钉钉

钉钉是阿里巴巴集团开发的办公协同软件，适合公司办公使用。我们能够在钉钉上完成请假、报销、审批、打卡等。钉钉能够增加办公和审批效率，减少时间成本，实现无纸化审批。钉钉的 QA 工作台如图 13-9 所示。

图 13-9

第 14 章

14

请重视并保护好品牌

14.1 为什么要申请品牌

首先，我们要树立一个观念，就是品牌在亚马逊上是非常重要的。

在亚马逊上有一些功能，只对完成了品牌备案的卖家开放，例如，"Enhanced Brand Content""Early Reviewer Program""Stores""Headline Search Ads"。这些功能都需要在完成亚马逊品牌备案后才能够使用，如果我们用好了这些功能，就会对销量增加有很大的帮助。

另外，在拥有品牌后，我们能够更好地保护自己的账号。我们都知道亚马逊是允许跟卖的，但是对于不做跟卖的卖家来说，每当别人跟卖我们辛苦经营的 Listing 并且一直以低价抢我们的"Buybox"的时候，我们一定是愤怒和无奈的。如果我们做了品牌备案，就可以通过"Test Buy"（测试购买）+商标侵权来投诉跟卖的卖家。

14.2 亚马逊品牌保护的方式

亚马逊品牌保护的方式主要有"Brand registry"（品牌备案）、"Transparency"（透明计划）、"Brand gating"（品牌销售门槛）。

14.2.1　Brand registry

在进行 Brand registry 之前，我们必须要有在美国注册成功的商标，也就是常说的 R 标。我们可以自行在网上注册美国商标。当然，如果想省事或者英文不是特别好，那么我们可以在国内找一些提供美国商标注册的服务商。在一般情况下，从美国注册商标申请的提交到获取证书要 6～10 个月，所以我们应该提前做规划。

Brand registry 的流程如下：

（1）在搜索引擎中搜索"brandservices"，找到亚马逊 Brand registry 的网站，然后单击"Get started"（立即开始）按钮，如图 14-1 所示。

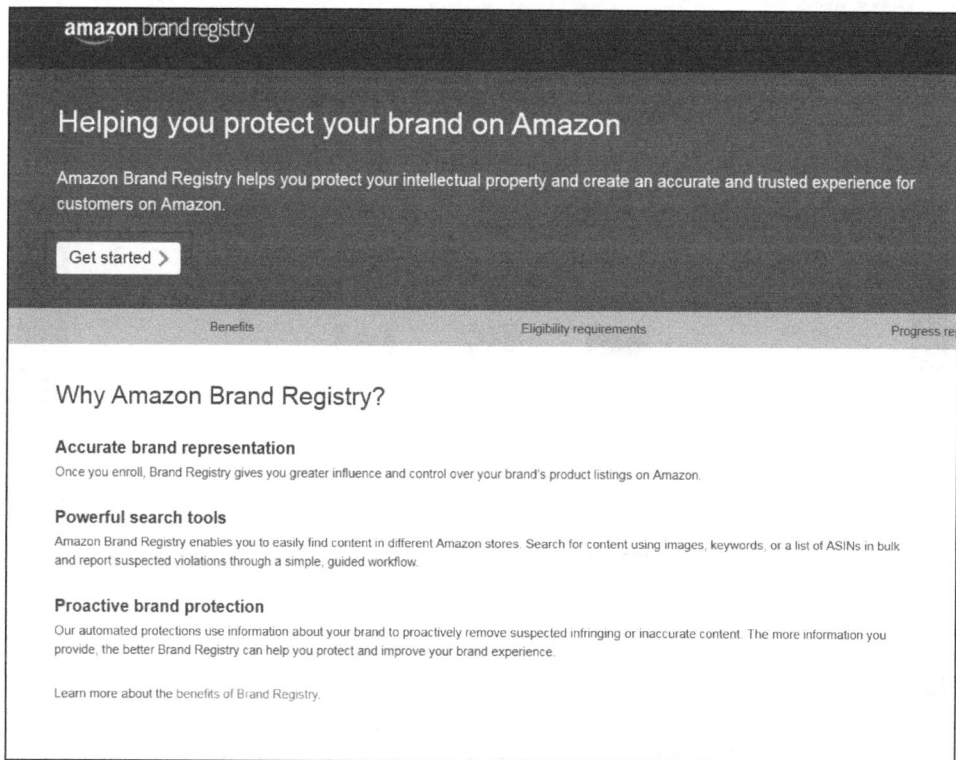

图 14-1

（2）单击"Enroll now"（现在注册）按钮，如图 14-2 所示。

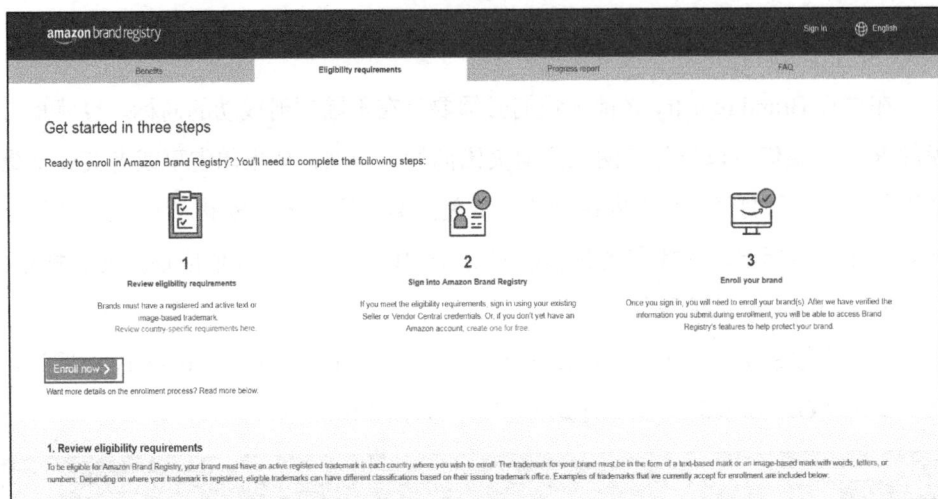

图 14-2

（3）以美国站为例，单击"United States"（美国）图标，如图 14-3 所示。

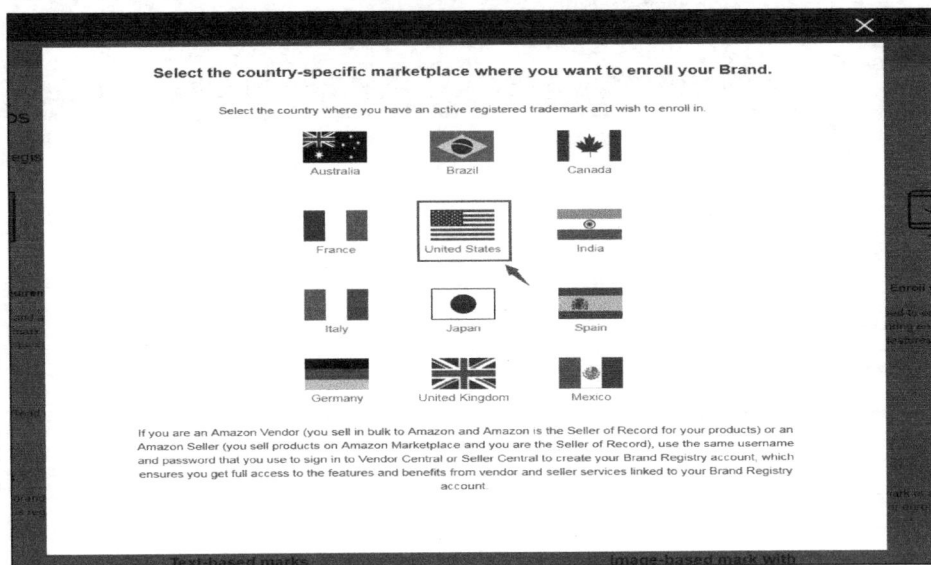

图 14-3

（4）输入亚马逊账号的邮箱地址或手机号码和密码，单击"登录"按钮，如图 14-4 所示。

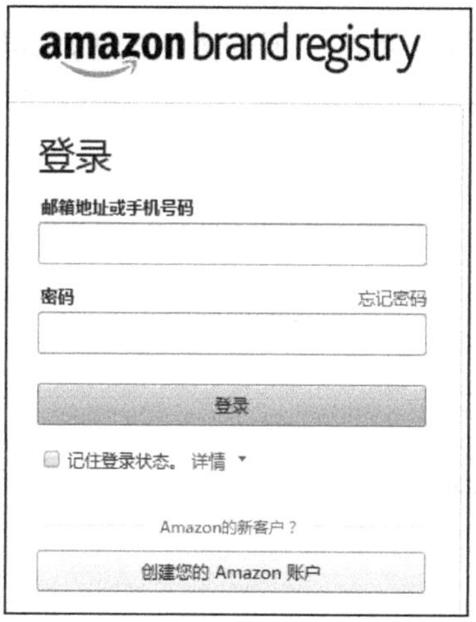

图 14-4

（5）按要求填写账号的信息资料，我们就按照注册账号的资料填写即可，然后提交，如图 14-5 所示。

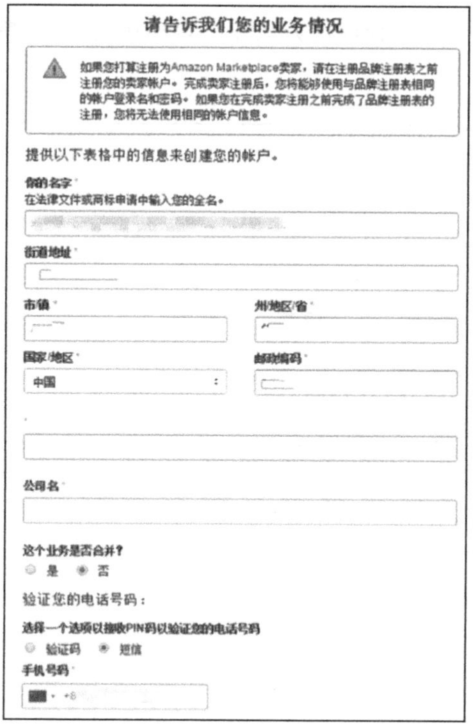

图 14-5

（6）按照实际情况填写，单击"下一页"按钮，如图 14-6 所示。

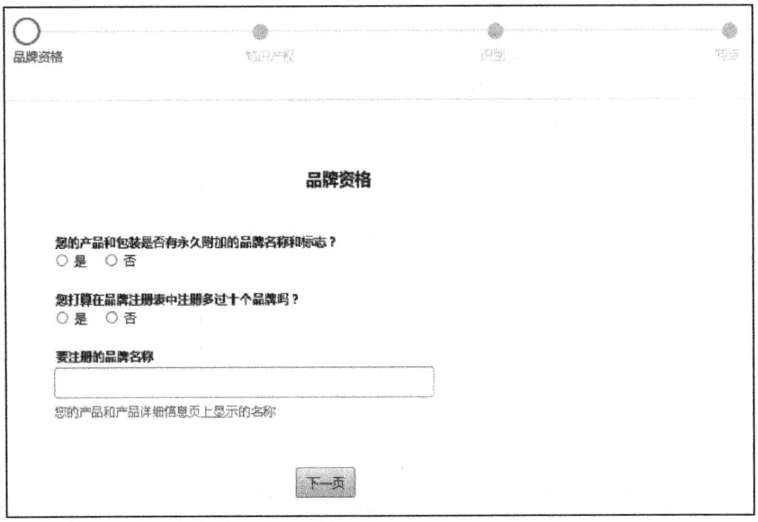

图 14-6

（7）填写商标编号，选择注册办公室（以美国为例），单击"下一页"按钮，如图 14-7 所示。

图 14-7

（8）按照要求提交图片，分别为显示品牌的商品图像、显示品牌的产品包装图像、商标图片，在上传后单击"下一页"按钮，如图 14-8 和图 14-9 所示。

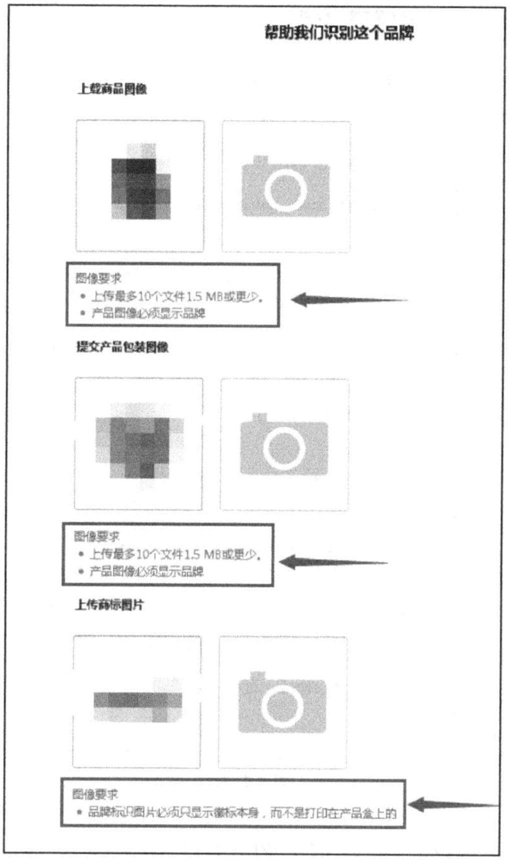

图 14-8

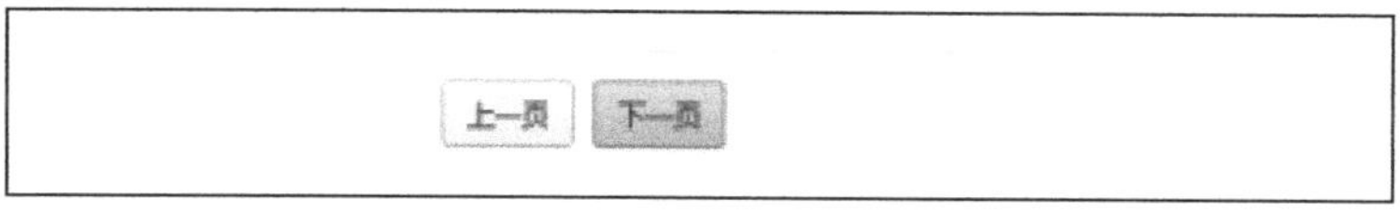

图 14-9

（9）按照实际情况填写，建议把"您的产品是否具有 UPC、ISBN、ENA 或者其他 GTIN"下的单选框选"否"。根据惯例，如果选了"是"，那么在备案后我们要购买 UPC 才能发布产品，选"否"就相当于省了以后购买 UPC 的钱。对于类别，建议只选商标对应的类目，否则可能无法通过审核。填写完提交申请即可，如图 14-10 所示。

图 14-10

（10）在提交完资料后，若出现如图 14-11 所示的界面，表示 Brand registry 已经基本完成。

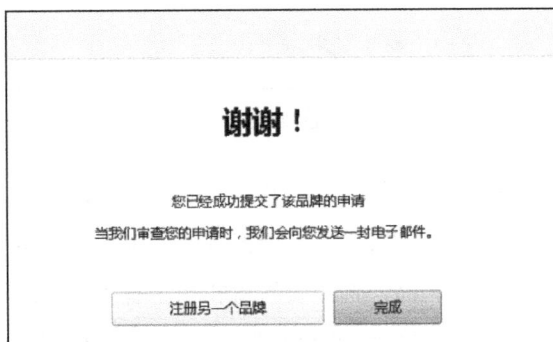

图 14-11

14.2.2 Transparency

对于亚马逊的 Transparency，官方的介绍是"Transparency is a new, item-level tracing service that helps you protect your brand and customers from counterfeit"（透明度是一种新的项目级跟踪服务，可帮助您保护您的品牌和避免客户买到伪造产品）。在加入 Transparency 后，产品会被贴上"透明标签"，这是唯一的代码，有点像 UPC 的数字代码，用于被亚马逊 App 扫描和识别。与普遍条形码不同的是，通过扫描"透明标签"，买家可以追溯产品的生产地址、生产日期、成分和材料来源等信息。只要加入 Transparency，你就可以防御任何恶意跟卖。原理是，我们的产品在申请了 Transparency 后，每一个产品都需要贴一个标签。当产品发到 FBA 仓库后，在上架前，FBA 仓库的工作人员会扫描这个透明标签，只有扫描成功，产品才能正常上架，如图 14-12 所示。如果我们没有授权给跟卖的卖家，那么他们显然没有这个透明标签，因此，他们入库的产品不能正常上架，不能正常售卖。

图 14-12

申请 Transparency 的要求如图 14-13 所示。

（1）已经注册商标并且在亚马逊上完成 Brand registry。

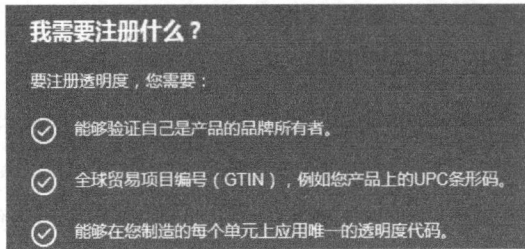

图 14-13

（2）产品必须有一个正规的 UPC 条形码。

（3）确保每个产品都贴上专属的标签。

Transparency 的申请步骤如下：

（1）在搜索引擎中搜索"Amazon Transparency"，找到 Transparency 官网，然后单击"联系我们"按钮，如图 14-14 所示。

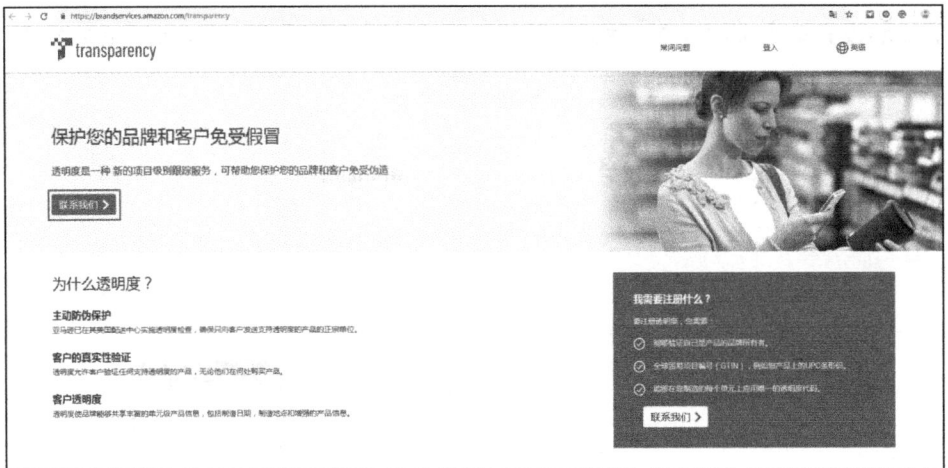

图 14-14

（2）按照实际填写"电邮""名字""姓""电话号码"，如图 14-15 所示。

对于"你的工作职能是什么？"，我们选择"销售"或"所有者"都可以，如图 14-16 所示。

（3）在提交资料后，Transparency 团队的工作人员会主动与我们联系，我们及时查看邮箱即可。

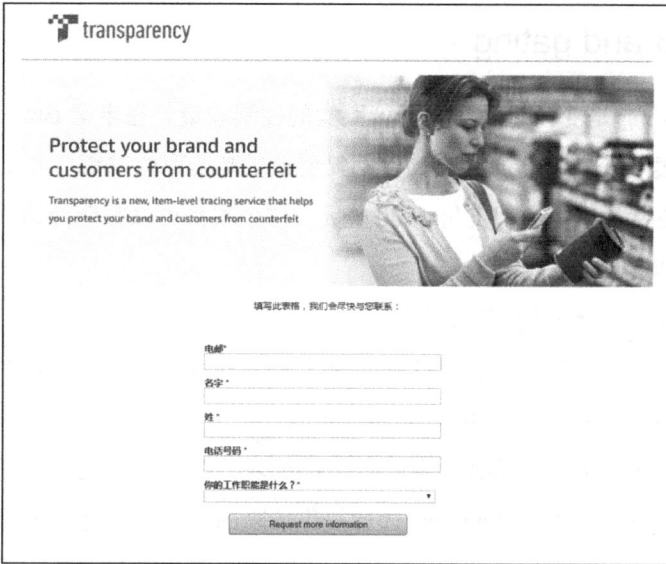

图 14-15

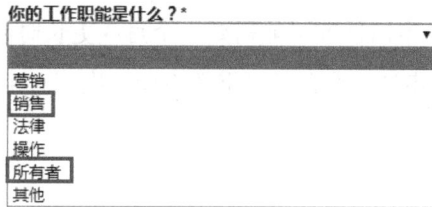

图 14-16

Transparency 的费用：Transparency 的价格根据使用的标签代码量而定，用量级别每 12 个月重置一次，目前基于所用代码量的价目表如图 14-17 所示。

一年所用代码量	每个代码的价格
< 100 万个代码	0.05 美元
100 万 ~ 1000 万个代码	0.03 美元
> 1000 万个代码	0.01 美元

图 14-17

14.2.3 Brand gating

Brand gating 是亚马逊针对大品牌跟卖的控制政策。在申请 Brand gating 后，其他卖家跟卖 Brand gating 的产品，不仅要提供制造商的发票，并要获得品牌的书面授权，还要为每个品牌支付 1500 美元。这个项目可以完全杜绝跟卖，但是申请比较严格和麻烦。

申请 Brand gating 需要以下工作：

（1）先注册自己的品牌并且在亚马逊上完成 Brand registry。如果你还没有进行 Brand registry，那么无法申请 Brand gating。

（2）亚马逊需要一个你想要保护的产品列表。在某些情况下，亚马逊可能会直接对整个品牌实行 Brand gating，因此提供清晰的产品列表有利于申请过程顺利进行。

（3）为亚马逊提供卖家 ID 有利于过程顺利进行。

获得 Brand gating 申请批准可能需要一个月或更长时间，而且申请不一定能通过，你如果没有通过申请，那么可以重新申请一次或者申请 Transparency 项目。

第 15 章

数个卖家和官方高管的访谈

15.1 吕毅访谈

人物介绍：吕毅，广州缤恒贸易有限公司总经理，专注于跨境 B2C，主要依托亚马逊和 eBay 将优质产品销往欧美等市场。

Q: 您可以简单地介绍一下您的公司吗？

A: 我们是一家纯贸易型公司，销售团队为 20 人左右。公司现在主要经营汽车配件类产品，销售渠道是亚马逊和易贝（eBay）这两个平台，毛利率大概为 30%。在物流方面，主要渠道是万邑通的中英专线和中德专线，能达到相当于海外仓的时效，能够减少库存（不需要大量海运和空运为海外仓备货，直接从中国发货）。

Q: 对于汽车配件这个行业，您认为 2019 年的市场情况怎么样？

A: 2019 年的市场总额比 2018 年会有 15%～20% 的增长，但增幅较小。根据对市场的调研，我们在 2019 年会新增家具类的产品线，并成立独立的运营团队负责该产品线，与汽车配件类产品分开，在运营模式上会由汽车配件类产品的铺货模式转变为精品模式。

Q: 您所了解的广州跨境电商公司账号的封号率情况是什么样的？

A: 账号的封号率并不高。以我们公司为例，从 2018 年 1 月到 11 月，只是因为 KYC 和 VAT 导致 1/10 的账号被关闭，总体而言安全性较高，风险不大。

Q：您觉得账号运营人员需要具备的最重要的几个技能是什么？

A：第一，熟悉平台政策，保证账号平稳运营。

第二，能够熟练地使用账号的功能，这是一个运营专员最基本的技能。

第三，具有整体的产品运营思维，懂得如何备货、推广、销售、分析市场趋势和容量。

Q：您认为一个账号的运营人员在日常运营中最耗费时间的事情是什么？

A：第一，刊登产品。需付出最多时间和精力的是 Listing 的基础建设，包括处理图片、编写产品描述、研究关键词等。

第二，数据分析。对进销存方面要做到严格把控，包括对需要备多少货、如何备货进行精准的分析。

Q：在新产品推广方面，您有什么心得可以分享吗？

A：我认为最简单、最直接的方法是先把货品发到 FBA 仓库，然后开通站内 PPC 广告，以最快的速度推广产品。观察一段时间，并对产品的点击量与成交率进行分析。假设这是一款所有基础建设都很完善的产品，而它的点击量大、成交率很高，我们就可以判断这是一款潜力非常大的新品，此时我们应该加大广告的推广力度（例如，出价方式使用 Bid+），直接把产品推广到第一页。

Q：您主要通过什么途径学习和获取信息？会看哪些跨境电商类的媒体？

A：第一，雨果网。我主要在这个网站上了解一些新的政策、平台新闻。

第二，国外的网站。我主要通过这个途径了解一些国内接触不到的信息。

第三，看书。我平时会在京东上买一些电商"大咖"或者 CEO 最近出版的书籍，学习其整体的运营理念或者模式，因为无论在哪个行业，做生意的模式其实都是相通的。

Q：您认为亚马逊官方能够给卖家提供什么样的支持？

A：第一，卖家能够获得参加黑色星期五 Best Deal 活动的资格，这需要向招商经理申请才能加入。

第二，招商经理会透露亚马逊的一些内部数据。比如，向卖家展示亚马逊平台未来会重点照顾、流量偏向的类目，卖家通过对这些数据的分析能够准确地把握自己未来的发展方向。

Q：您认为广告收入占销售额的什么比例比较合理？

A：第一，对于已经比较稳定的产品，广告收入占总收入的 20%左右是比较合理的。广告收入占比过高意味着产品的自然流量不高，这是非常不合理的。

第二，对于新产品，没有一个固定的比例，当然越高越好。在新产品推广期，我们的目的是提高曝光量和以最快的速度出单，使产品的排名能够靠前并且尽快稳定，后期再进行控制。

Q：您了解的广州市电商行业的薪资情况是什么样的？

A：首先，底薪方面。对于普通公司，运营专员的月薪一般为 4500 元/月左右，有 1~2 年经验的运营专员的月薪为 5000~5500 元/月，组长或者主管的月薪为 6000~7000 元/月，运营经理的月薪为 8000~9000 元/月，总监以上的月薪为 12 000~15 000 元/月，而对于棒谷科技、傲基科技这种比较大的公司，高层领导的工资就更高了。

其次，提成方面。提成分为两种，一种为按销售额的 1.5%~2%提成，另一种为按毛利的 1%~2%提成。

Q：您认为账号达到多少销售额可以进行多人操作以及怎样分工比较合适？

A：我认为月销售额超出 10 万美元可以进行多人操作。可以采用两种分工方式：第一种，按产品线分工；第二种，根据公司的架构分工，如果公司有专门的客服团队，那么售后和销售是相互独立的，但如果没有客服团队，就由销售人员共同负责销售和客服工作。

Q：对于刚毕业想从事跨境电商行业的新手，您有什么建议？

A：如果刚毕业想从事跨境电商行业，那么不建议去大公司，尽量选择中小公司。在中小公司你能接触到各个岗位并进行实盘操作，而大公司已经分工细化、制度化、规模化，学到的东西相对有限。

Q：对于产品质量的把控，您认为什么样的退货率比较正常？

A：对不同的产品类型，标准有所不同。对于需要安装使用的电子类产品，以及涉及尺寸大小的服饰类产品，我们对退货率的容忍度较高，可以接近 10%；对于非上述类型的产品，退货率控制在 5%及以下会相对较好。

Q：对于贸易型公司，您认为应当如何把控产品质量？

A：第一，公司自身要具有完善的质检制度。对于需要进行抽检以及全检的产品类型，需要有明确的规定以及对每款产品都需要有质检说明书，质检部门要按规章制度严格进行质检把关。第二，供应商在出货时要进行质检，双重把控，以达到提高产品质量、降低退货率的目的。

Q: 您对销售人员的招聘要求是怎样的？

A: 第一，有经验。培训需要付出较大的时间成本，并且还需要考虑在培训完成后人才是否能留下来，如果留不下来对公司的商业机密能否做到完全保密。因此，我更倾向于招聘有经验的销售人员，哪怕提供的工资更高一些。

第二，工作责任心强。责任心不仅是对销售人员的要求，在所有的公司所有的岗位，员工都需要具备这个品德，这样公司才能持续地发展。

第三，具备数据分析能力，对数据敏感。亚马逊运营的工作具有一定的特殊性，分析店铺各个方面的数据表现是安排后续工作的前提条件。

第四，有团队精神，服从管理。公司需要每个员工都齐心协力地共同完成制定的目标，而个人主义会是发展道路上的绊脚石。

15.2　金忠平（Peter）访谈

人物介绍：金忠平（Peter），从事跨境电商行业四年，销售的产品包括手机配件、投影仪配件等。

Q: 能不能介绍一下您所了解的跨境电商从业人员的薪资待遇？

A: 在深圳，薪资的结构是底薪+提成。在底薪方面，普通入门级别的是4000～5000元/月，有经验、可以立刻上岗的是7000～8000元/月。在提成方面，一般为毛利的1%～3%。

Q: 对于多人操作一个账号，在安全、分工和权限设置方面，您有什么样的经验总结？

A: 第一，安全并不是太大的问题。我们可以通过开放权限，根据信任程度分配每个人的工作内容。

第二，对于分工，其实比较合理的方式是物流、产品上传、推广分开管理。如果产品不多，为避免工作量不足，一个人可以同时负责产品上传、推广及售后，但物流相对比较烦琐，建议专人单独负责。

Q: 对于开发新产品，拿过来直接卖和开模这两种方式您会怎么选择？

A: 开发新产品的方式主要取决于公司对这个产品未来的构想。如果对这个产品的长远发展持乐观态度，建议先拿来就卖，当销量达到比较多的时候再考虑开模，因为开模是有风险的，需要慎重。

有些人会认为拿来就卖有依附性强、跟卖、恶性价格竞争的风险。对于跟卖这个问题，我们可以注册品牌，通过亚马逊的 Brand Registry 项目投诉跟卖的卖家，如果投诉没有效果，那么可以找律师与亚马逊进行协调。产品同质化当然会面临严酷的竞争，但是对于做生意来说，这是正常的现象，风险与竞争是成反比的。

其实最终结果还是见仁见智，比较激进的人会选择直接开模，而比较保守的人会选择先跟卖或者先直接拿来就卖。

Q: 有没有给新手卖家的一些建议？

A: 对于新手卖家，建议先从非常细分的市场开始，再切入比较主流的市场。尽量找一些小众产品先保证足够的利润，如果一开始就选择大众化的产品，竞争就会非常激烈，前期需要投入很大成本才能使销量提升。目前存在着一些不正当的竞争方式，存在被竞争对手改 Listing、恶意留差评的风险。

Q: 在产品销量稳定后，您认为广告的 ACoS 为多少比较合适？

A: 我们其实很难设定一个固定的值，每个板块、每个产品都不一样，即便在同一个板块下，不同产品的利润也是不一样的。如果产品的销量处于上升期，可以投入更多一些；如果产品的销量已经稳定了，那么就降低一些。这是一个动态的过程，我们需要不断尝试并根据结果再进行调整，最终选出最适合的值。

Q: 在开发选品上，您有没有一些经验或者会使用什么样的工具？

A: 首先，需要设定每个月开发产品的预算，在这个预算内尽量开发一些有意思的产品，对于开发产品 SKU 的数量，并不会有太明确的限制。如果新产品的起定量要求比较高，最终开发的 SKU 数量就少一些；如果新产品的起定量比较低，那么最终开发的 SKU 数量就多一些。

其次，对于工具，我们主要使用 Jungle Scout ，以及 FBA 费用计算工具（Fulfillment by Amazon Revenue Calculator），通过这个工具计算目标产品扣除各种费用之后的利润，从而最终决定是否选择。

Q: 您认为什么样的退货率比较合理？在控制产品质量方面，您有什么经验？

A: 首先，在退货率方面，对于不同类别的产品，标准不同。例如，服装类产品的退货率为 10%左右、3C 类产品的退货率为 3%~5%。

其次，在产品质量的控制方面，需要有 QC 部门对产品质量进行检查，把产品质量标准具体地量化，并分析总结经常出问题的部分，在检查的时候要着重留意。对于自有工厂的情况，建议工厂设立 QC 部门；对于采购的情况，建议公司设立 QC 部门，在收到货物后进行质检，全检是最好的方式，但很难做到，可以选择抽检。

Q：您认为是设立工厂好，还是不设立工厂好？

A：如果产品的需求量很大、有前景、有科技含量，并且公司想把产品做出差异化，可以考虑设立工厂，这时工厂就是核心竞争力。

在其他情况下，如果设立工厂的成本高于不设立工厂的成本，就不应该考虑设立工厂。工厂的运作需要非常大的成本，包括员工成本、设备成本、水电成本等，相应的负担也会变得更重。

Q：您对于招聘销售人员的要求是什么样的？

A：在招聘方面，于我而言，有无经验其实并不是非常重要的，我会更看重分析问题和学习的能力。我认为一家公司有经验的人有一两个就足够了，所谓的经验就是软件的使用和产品的分析，这些都是很容易学会的，而真正难学的是逻辑能力，怎么分析问题很重要。

Q：对于刷单这种行为，您的看法是什么样的？

A：就我个人而言，不建议刷单。我们在市场中本该诚信竞争，并且亚马逊的检测技术一直在进步，一旦辨识为刷单就会做出相应处理。

Q：在公司运营、品牌运营方面，您这三四年来有没有做过一些总结？

A：首先，公司运营是一个很累的过程，尤其小公司会遇到很多问题，与软件一样需要不断地修复 bug，在成立公司时应该做好心理准备。

其次，品牌运营是重中之重，只有品牌才可以带来溢价能力，没有品牌很难得到持续的赢利。

Q：对于在电商平台销售和自建站，您的看法是什么样的？

A：如果有能力我当然建议独立。只依靠电商平台不但需要面临渠道单一的风险，而且各个方面都会受到比较大的限制。但自建站需要解决物流的问题，随着亚马逊的发展，用户购买一个产品从 5~10 天收货到 2 天收货，用户的习惯基本已经养成。因此，做自建站，在物流方面务必要达到 2～3 天的时效，这可以和第三方物流服务商合作。

15.3　邓聚（Michael）访谈

人物介绍：邓聚（Michael），深圳禾晟贸易有限公司总经理，2015 年开始从事亚马逊跨境电商工作，2016 年回国，深耕亚马逊运营、代码分析、硬件安全，对于亚马逊排位 SEO/SEM 有深刻的认识，曾带领 7 人团队一年创下 1 亿元的销售业绩。

Q：您在刚回国时，加入的第一家公司的基本情况是什么样的？

A：第一家公司在我刚加入时有 10 人左右，现在已经发展到 100 多人。原来的业务是传统的 B to B，但由于流量转移到互联网，公司开始转型开拓亚马逊市场。公司当时主打两款产品——马桶灯和自己生产的玩具，每天会有比较稳定的几十单。公司主要在美国站和日本站销售，而我负责在日本站销售，在我离开公司时公司在日本站的销售额每月已经达到了几十万元。

Q：您后来去的第二家公司的基本情况是什么样的？

A：第二家公司在我刚加入时有 80 多人，现在发展到 120 人左右。当时主要分为四个团队，我主要负责在日本站销售，由于我在前一家公司已经总结出了成熟的选品思路和运营模式，在运用这种方式销售后在日本站的销量有了大幅度的增长。在我离开时，公司的产品有 1000 多个 SKU，每年创造的营业收入达到了 3 亿多元。

Q：您所了解的深圳账号的封号率大概是多少？

A：账号的封号率非常低。一般会造成账号被关闭的情况有以下几个：①刷单和刷空包，即自己购买+自发货+发空包；②账号被判断为关联；③顾客开启 A to z guarantee claims，投诉产品爆炸、导致皮肤过敏等问题。成熟的亚马逊运营基本上不会触碰到这些"雷区"，所以账号的封号率并不高。

Q：在维持账号安全方面，您有什么经验可以分享吗？

A：不要在亚马逊中霸屏。在同一个页面中产品的类似度不可以超过 80%，如果用同一个关键词搜索出来的页面中全是同款产品，那么容易造成关联从而导致账号被关闭。

Q：您对新产品的开发方式有没有什么心得可以分享？

A: 我建议新产品的开发周期设为一个月,并且对产品做一些小改动。对于第一批新产品的进货,进货量可以较大,比如 3000 个,后期再根据产品的表现情况规划进货量。

Q: 您在产品的推广方面有什么经验?

A: 其实在美国站和欧洲站做推广,不一定只做站内 Deal 活动,还可以选择一些专门为消费者提供折扣码的网站。我们可以使用谷歌搜索,主要看两页之后的网站,直接找到站长,给他付钱把产品发布到网站上,用一个星期引流,效果也是非常不错的。在推广方式方面,可以选择 Promotion、Coupon、Deal、YouTube 的广告合作,进行多渠道推广。

Q: 您有没有给新手卖家的一些建议?

A: 最重要的一个建议是合理配置资金。我们可以把启动资金分为四份,举个例子,如果现在有 40 万元启动资金,那么我建议用 10 万元作为推广资金、10 万元作为产品资金、10 万元作为支付工资和房租的运营资金、10 万元作为流动资金。然后,根据资金进行合理分配,不必压太多的货,尽量选竞争小的品类。

Q: 您会怎么把控产品的质量?

A: 我认为产品质量是一个公司的命脉,公司要想持久发展就需要用产品质量不断地积累口碑。在产品质量把控方面,我们可以对不同的国家站点制定不同的要求。例如,欧洲站对质量要求比较严格,我们可以直接入驻供应商的工厂进行检测,等货物到了自己的仓库后再抽检,如果抽检不合格就全检。

Q: 您认为退货率多少会比较合理?

A: 对于不同类目的产品,退货率会有所不同。例如,服饰类的退货率最低为 7%,12% 为均值,15% 就会比较高;3C 类产品的退货率均值为 3%。

Q: 一般来说,除了招商经理,您还会和亚马逊官方有一些内部联系吗?

A: 我建议你可以多接触一些招商经理,因为招商经理之间的消息可能不太一样,我们可以进行对比甄别,尽量做到信息交叉。除此之外,我也会经常去深圳、厦门、广州等地参会和参展,接触一些品类经理等,以获取其他信息。

Q: 在深圳,您所了解的库存周转率一般均值是多少?

A: 我对库存周转率这个指标不了解,但周转天数是 60 天,在正常情况下只需补一个月的货。举个例子,如果一个月销售 100 个产品,库存量一般要求为 200 个,必须在 60 天内销售完,因为在到仓 90 天之后费用已经很高了,如果在 60

天内无法卖出，说明推广存在问题，需要调整。

Q: 在库存积压的时候，您有什么应对方法吗？

A: 在库存积压的时候，我需要用各种手段做促销。

第一，用社交推广方式。比如，利用网络红人带流量清理积压的库存。使用这种方式建议依然保留一定的利润空间，如果没有利润，那么说明选品或者库存的预估存在问题。对于要长期销售的刚需产品，我需要考虑多少库存是最合理的，只有库存占用的资金最少，公司的风险才最小。

第二，用一种极端方式。自己买光现有的库存。假设现有库存为 200～300 个，可以选择支付亚马逊的运费和手续费，买光自己的库存，把关键词排名冲上第一页，再把货发回 FBA 仓库销售。

Q: 你认为账号运营人员最重要的几个技能是什么？

A: 第一，要有 SEO（搜索引擎优化）的意识。亚马逊其实是个购物平台搜索引擎，它存在排位的问题。搜索结果越靠后，点击的流量越少。我们需要不断地思考怎样使顾客看到产品，如果连展示的机会都没有，就更谈不上出单了。

第二，掌握让买家看了就买的方法。首先，需要让买家点击，对于这一点需要花时间不断地做 A/B 测试或者其他测试，对于产品在搜索结果页面呈现的内容进行对比从而优化，包括图片、标题、价格、Promotion；其次，在买家点击后，要解决如何用产品详情页面的内容吸引买家下单的问题，这需要分析其他卖家的 QA、差评。

第三，把握节奏的能力。一个成熟的运营人员需要清楚在每个时间段需要备货多少、在多长时间产品的排名能到什么位置。

第四，合理地管理所有成本的能力。假设公司提供营业收入的 7%作为广告成本，那么合理地分配这个费用以达到最好的推广效果也是运营人员需要掌握的一个重要技能。

Q: 假设目前有一个新的产品需要做 SEO，您会采取什么方法？

A: 第一，提高订单量。订单越多排名就会越靠前。亚马逊主推优势产品在前，如果产品销量第一，那么过不了几天排名就能到首页的第一位。

第二，提高转化率。转化与流量对应的订单量有关，如果转化率一直非常高，排名就会很快向上升，如果把转化率提到 70%～80%并长期保持，那么排名就可以上升到第一页。

Q: 您平时会通过什么途径学习和获取信息?

A: 主要通过一些跨境电商媒体,例如雨果网、创蓝论坛、侃侃网、321 电商学院、亿丰电商学院、三头六臂跨境电商联盟等。

15.4 亚马逊物流经理访谈

人物介绍:×××,亚马逊全球物流中国高级销售经理。

亚马逊全球物流是亚马逊官方的物流渠道,而×××身为高级销售经理,旨在为中国卖家提供最优质的物流服务和支持。

Q: 能不能简单地介绍一下亚马逊官方物流现在的服务内容?

A: 第一,在仓库方面,美国有指定的大仓库专门对接官方物流。如果是标准件(尺寸为 45cm×30cm×20cm 以下,单件重 9kg 以下),那么会被分到 ONT8 这个仓库,如果是旺季那么会有后备仓库 LGB8。

第二,在时效方面,从仓库收到货物当天开始计算,6~7 日可以送至 FBA 仓库。从入 FBA 仓库到完成上架会有一段分拣时间,但一般来说在淡季时 72 小时、在旺季时 14 天可以完成上架。

第三,在物流方面,采用货运形式,目前只有海运、空运。亚马逊可以安排上门提货,但如果提货那么需要另加时间和钱;卖家也可以自己找快递公司交到中国香港的指定仓库。

第四,在运输目的地方面,目前只能运到美国,但未来会运到更多国家。

第五,在报关方面,卖家在提供进出口资质后,亚马逊官方物流会帮助报关和清关,前提条件是卖家需要在美国以中国公司登记进口商身份,购买税号(俗称买 bond),只有有了税号,官方物流才会在美国帮助清关,并正常收取关税。

Q: 亚马逊官方物流相对于货代有什么优势?

Q: 第一,锁仓。所有的货物都会发往同一个仓库,卖家可以比较好的规划自己的库存以及管理自己的物流成本。

第二,有可预售功能。即使货物在运输途中也可以在平台销售,买家可以知道大概的收货时间。

第三,点对点,时效快。对于一般的货代,货物在到美国之后还需要快递派送,时效较慢;而官方物流直接从中国仓库发往美国 FBA 仓库,时效快。

第 16 章

账号安全的注意事项及申诉方法

16.1 账号安全的注意事项

在运营亚马逊账号的过程中，除了销量、库存、选品、广告等，我们还需要特别注意账号的安全。只有账号是安全的，每项指标都处于健康的状态下，我们的账号运营才有意义。

首先，我们要清楚什么是亚马逊账号关联。亚马逊为了防止一个公司开通多个账号重复铺货，影响公平竞争，所以制定了一条规定：一个公司只允许注册一个亚马逊账号。因此，同一个公司或者同一个人持有两个及两个以上的亚马逊账号就是亚马逊账号关联。

在了解了亚马逊账号关联的本质之后，我们要清楚账号关联会引起什么后果。最严重的后果是，亚马逊会永久关闭我们所有的关联账号，而且由于账号关联而被关闭的账号是无法通过申诉解封的。基本上只要被亚马逊检测并且判定为账号关联，账号就已经被亚马逊列入黑名单中，不论账号之前表现得多么好，销量多么高，也无法改变账号被关闭的事实。账号关联没有任何征兆，我们不会收到亚马逊的警告或者提醒，也不会得到改正的机会，收到的亚马逊的通知就是一个账号被亚马逊关闭从此无法在亚马逊上进行销售的通知。

所以，做好账号防关联的工作就格外重要。引起账号关联的事项大致可以分为两个方面，分别为硬件设备和网络、后台资料和操作。

1. 硬件设备和网络

硬件设备是指我们登录亚马逊账号的电脑。一台全新的电脑只允许登录一个亚马逊账号，如果我们有两个亚马逊账号就应当配备两台全新的电脑，依次类推。

注意：如果一个亚马逊账号被关闭了，我们想要开通一个新的账号，就不能在原来的电脑上注册和登录新的亚马逊账号，因为这台电脑原本就登录过一个被关闭了的亚马逊账号，已经被亚马逊记录在信息库中，我们应该重新购买一台电脑，重新注册和登录亚马逊账号。在日常的运营过程中，我们应该秉承"一台固定的电脑只登录其对应的亚马逊账号"的原则，一旦出现误登录的情况，账号就会马上关联。

网络也是引起账号关联的常见原因。在日常生活中，一个家庭或者一个公司基本上只会开通一个网络，然后所有人共用。但是亚马逊认为，这是万万不可的。如果一个网络环境下的所有设备都共用一个网络 IP 地址，在一个网络环境下登录了两个或两个以上的亚马逊账号，那么这些账号就会被亚马逊检测到，并判定为账号关联。所以，除了一台电脑和一个账号，我们还需要做到"一个固定的网络连接固定的电脑上其对应的账号"。同样的，如果在一个网络状态下的账号被关闭了，我们想要开通新的账号，也应当开通一个新的网络，再配备一台新的电脑，才能进行账号注册。

2. 后台资料和操作

后台资料指的是填写到亚马逊后台的所有资料，不管是在注册账号时填写的营业执照、法人信息、扣款卡账号、收款卡账号、手机号码等一系列注册资料，还是在运营过程中填写的发货地址、产品信息、发货计划等，都属于后台资料。我们填写的任何资料都会被亚马逊录入资料数据库里，一旦有账号信息交叉重叠的情况出现，就很有可能会被判定为账号关联。因此，我们的资料需要做到"一个账号用一套资料"，不能出现重叠。

操作是指我们在运营账号过程中的操作习惯，例如点击的频率、标题的命名习惯、操作的顺序等，这些也都会被亚马逊检测并记录。

16.2　A-to-z

Amazon A-to-z Guarantee claim（"A-to-z"或"A-to-z 索赔"）是亚马逊对买家的一项保护政策，也称为交易保障索赔。买家如果不满意第三方卖家销售的产品或服务，就可以发起 A-to-z。但是对于卖家来说，A-to-z 却不是一件好事，因为一旦 A-to-z 成立，就会影响卖家的绩效指标中的订单缺陷率（ODR），对卖家的影响是非常严重的。如果卖家成交的订单本来就不多，就要更加小心，否则可能因为存在一两个 A-to-z，导致账号被审核、冻结，甚至被关闭。

收到 A-to-z 的常见原因如下：

（1）产品与描述不符。买家收到的产品与产品详情页中的描述存在很大差异，或者缺少零部件、包裹损坏等。

（2）卖家拒绝退货。买家因个人原因申请退货，但是卖家拒绝买家的退货申请，在这种情况下，买家可以发起 A-to-z。

（3）买家已经退货，但没有收到退款。卖家已经同意买家的退货申请，并且买家已经将产品退回，但是卖家没有退款，在这种情况下，买家可以发起 A-to-z。

（4）没有收到产品。由于物流运输等原因，买家长时间没有收到产品，可能会发起 A-to-z。

（5）恶意买家。部分不诚实的买家在收到产品后，可能会恶意发起 A-to-z，以达到自己保留产品并且要求卖家退款的目的。

我们可以在卖家后台首页看到 A-to-z 的最新动态，如图 16-1 所示。

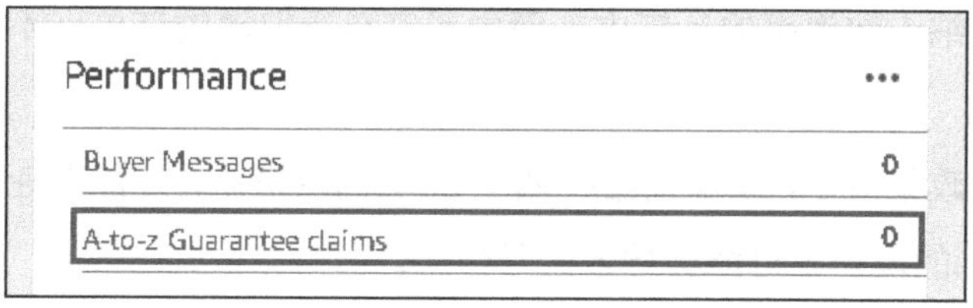

图 16-1

对于 A-to-z，我们应该积极主动地解决，可以主动联系买家，用友善的态度与买家协商，最好的结果是让买家自己取消 A-to-z。如果买家不愿意取消，那么我们也应该表现出积极的态度，让亚马逊觉得我们积极解决买家的问题。我们一定不能在没有与买家联系咨询问题之前，自行拒绝索赔。

因为 A-to-z 对账号健康指标有很严重的影响，所以我们应该谨慎处理，确保寄出去的产品都是质量过硬的产品。另外，如果我们想有效地避免 A-to-z，那么可以入 FBA 仓库。

16.3　各类申诉

16.3.1　对自发货物流绩效不达标的申诉

1. 迟发率

迟发率（Late Shipping Rate）是指在 10 天或 30 天的时间段内，在预计配送时间后确认配送的所有订单数占订单总数的百分比。

在预计发货日期之前确认订单发货十分重要，这样买家才能在线查看他们的已发货订单的状态。订单延迟确认发货可能会导致索赔、负面反馈和/或买家联系次数增加，并对买家体验产生负面影响。

如何避免不达标：系统默认备货时间是 1～2 天，为了避免迟发率不达标，要尽量安排早生产或者适当延长备货时间。

2. 取消率

取消率（Cancel Rate）是指在给定的 7 天时间段内，卖家取消的所有订单数占订单总数的百分比。取消率仅适用于卖家自配送订单。另外，由卖家自行取消的订单，才会纳入取消率的计算中，而由买家自行取消的订单则不纳入取消率的计算中。

亚马逊的政策规定，卖家需维持低于 2.5%的取消率，才能在亚马逊上销售产品，高于 2.5%的取消率可能会导致账号停用。

如何避免不达标：尽量不要取消订单，如果确定出现需要取消订单的情况，我们要发邮件向买家说明情况，并且恳求买家自行取消订单，这样就不会影响取消率这一指标。对于不再销售的产品要删除 Lisitng。

3. 有效追踪率

有效追踪率（Valid Tracking Rate）是指在给定的 30 天时间段内具有有效追踪编码的所有货件数占总货件数的百分比。买家能够根据追踪编码查询到订单的配送状态和预计的收货时间。

如何避免不达标：用正规的物流渠道发货，在填写物流信息的时候认真填写，防止出现空格和其他符号写错。

4. 准时交货率

准时交货率（On Time DR）是指在预计交货日期交付的所有货件占跟踪的总货件的百分比。

我们如果收到了亚马逊的警告信，那么要首先承认自己的错误，然后对自己的行为进行分析，找出原因，说明白怎么解决现在的问题，最后写上防止类似问题在未来再次发生而采取的措施。

申诉模板如下：

Dear Seller Performance Team.

Thanks for your kind notification. We deeply realized our mistake.

According to Amazon's suggestion, we have made a detailed plan to address "Late Shipment Rate" issue, resolve the issues and prevent the similar problem from happening again in the future.

Below is our plan of action for your reference.

(1) The root causes of Late Shipment Rate Issue:

As the sales get booming in November. we've made an extra offer on product ×××, which is seller-fulfilled, in purpose to prevent our FBA offer would be out of stock. We just list two offers, one is FBA while another one is seller-fulfilled. When customers bought our products from seller-fulfilled offer, we use Amazon Fulfillment Order function to send items to our customers.

For example, for order: ××× -××××× -×××××. we have created a fulfillment order RE-××× -××××× -××××× to send the item. However, the moment we created the fulfillment order, there's no tracking number comes out. Amazon center needs to wait 2 or more days to generate its tracking number. But it's already too late for seller-fulfilled orders. That's the main reason for this Late Shipment Rate issue.

We feel deeply sorry for our inconsideration. Please understand that we have kept sending FBA to Amazon for more than 6 months，but it's our first time to complete seller-fulfilled orders. We admit our self-shipping method is not mature enough that caused the above problem.

(2) Actions we have taken to resolve the issue and prevent the similar complaints in the future.

① We will stop using Amazon Fulfillment Order function to complete seller-fulfilled orders. We will try to send more inventory by FBA to replace seller-fulfilled methods.

② We have already found a trustful third-party warehouse company in United States. We will cooperate with them and send enough inventory in advance to their warehouse. It will be ready for seller-fulfilled orders and it will sure confirm the necessary on-time shipping rate. We promise we will take the best shipping service for our customers with UPS or USPS.

③ We will take the most sincere attitude to treat every customer and try our best to meet the customers' requirements and improve the customers' confidence and loyalty to Amazon.

④ We have carefully learned "Prohibited Seller Activities and Actions", "Product Detail Page Rules" and "Condition Guidelines" etc. Meanwhile, we will strictly obey Amazon's policy.

Thanks very much for giving us a chance to show our detailed plans about how to prevent the similar issue in the future. We sincerely hope that you can give us an opportunity again and re-open our seller-fulfilled orders function. We will use our actual action to reciprocate our customers' trust to us.

Looking forward to hearing from you soon.

Thanks very for your kind help and have a nice day.

Best regards.

Jim

16.3.2　对 Safety Incident 的申诉

Safety Incident 即安全事故。如果产品出现安全问题，买家向亚马逊产品团队发起投诉，那么我们很可能会收到关于安全事故的警告。下面先来看亚马逊对产品安全的说法：

"亚马逊的产品安全团队通过对报告的安全投诉和事件进行调查并采取措施，保护亚马逊买家免受亚马逊提供的产品相关的伤害。

亚马逊监控网站上销售的产品是否存在产品安全问题。在相关情况下，我们可能会从网站上删除产品，与销售商和制造商联系以获取更多信息，在产品详情页上发出相关警告，或根据具体情况采取其他措施。

我们还可能向相应的政府机构报告产品安全问题，以便加强其安全数据并帮助促进任何必要的召回。"

亚马逊对"Product safety and compliance"（产品安全性和合规性）的看法如下：

"买家的安全对亚马逊至关重要。我们的目标是确保买家有信心从卖家那里找到全面的相关产品，而不必担心产品的安全性、质量或可靠性。我们还旨在确保每个合格的卖家可以提供适当的销售产品，并实时批准销售。

作为卖家，你了解亚马逊关于产品安全和合规性的指导方针非常重要。这有助于提高你在亚马逊上成为卖家的成功机会，并且能够帮助你避免上架的商品被禁止出售和避免你的账号禁止在亚马逊上销售。"

由此可见，亚马逊对产品的质量安全十分看重，我们如果收到了亚马逊的安全事故警告，那么应该怎么应对呢？首先，我们要承认错误，要具体看买家投诉的类型和买家投诉的内容，然后针对内容承认错误。具体分为三点，第一，我们要阐述这起安全事故的原因是什么；第二，针对这起事故，我们为买家采取了什么措施；第三，我们以后如何防止再次出现类似的安全事故。从这三点出发，每一点都尽可能详细地写，分点列明，要表现出我们对买家和产品安全的重视，并且保证以后不再出现同样的事情。下面是我们为安全事故撰写的申诉邮件。

Dear seller Performance Team,

I am writing this on behalf of regarding safety incident. Allow me have a quick preview of this complaint.

Complaint type: Safety incident

Asin:××××

Customer Review:
××××××××××××××××××××××××（具体的 Review 内容）

For this complaint customer:

We have emailed him to help him repair the product ××× once we received the complaint. We have fixed the product ××× and ready to send the product××× back. Please check attachment "message" for the message between me and the buyer and check attachment "fixed product ×××" for the fixed product ×××.

——The cause of the below safety complaint.

① Pin of the connector（plug）were thinner than it used to be.

② Plastic of the connector were thinner.

——Steps taken to prevent such complaints now.

——Sourcing: We have changed our supplier. We have requested them to thicken the thickness of metal pin in the connector. Please check attachment "Connector". You can see that the upper one marked as "Old" is the one we used. The below one is the improved one. We have thicken the thickness both the pin and plastic. What's more We have changed material of plastic PPS to plastic LCP which is high temperature resistance.

———Listing: There is no ambiguity in this Listing. And we may provide further tips on how to replace the lamp in the future.

———Shipping: We have fully protected with thick and stable box with foam. We have "drop test" regarding our box. Purpose of this test is to give a certain degree of confidence that the product under test can be shipped via shipping channels without sustaining and damage. Scope of drop test is 0.4%（2/500）. Please check attachment "package" to check our box.

———Labeling: We already have additional warning labels for usage. Beside, we have instructions in every lamp that customer can easily know how to install. Please check attachment "warning label+instruction".

———Expiration date: We have serial number on every product to trace the production date of this product. Our products have a high inventory turnover. And we keep sending fresh products to FBA. So that won't be a issue. Please check attachment "serial number".

For the products have been sold:

We will contact all the customers who placed order upon this ASIN ×××× see if there's any problems during the use of our lamps. If there is, we will recall all the products for free and issue full refund to them.

We have taken actions according to the above plans. Hope that you can give us one chance to offer better service and products to customers.

Best regards.

16.3.3 对侵权的申诉

亚马逊的侵权类型主要分为三种："Patent Infringement"（外观专利侵权）、"Copyright Infringement"（版权侵权）和"Trademark Infringement"（商标侵权）。下面我们主要介绍最常见的 Copyright Infringement 和应对方式，先来看亚马逊对于 Copyright Infringement 的说法：

"亚马逊尊重他人的知识产权，如果你认为你的产品被他人复制并侵犯了你的版权，请你按照亚马逊网站的通知和程序进行操作。

要进行侵犯版权投诉，请使用在线表格提交你的投诉。我们会迅速回复版权所有者对任何涉嫌侵权行为的投诉。

如果你希望以书面形式提交报告，那么请向我们提供以下信息：

（1）版权所有者的电子或者实体签名。

（2）请你对你认为侵犯版权的商品进行描述说明。

（3）请你说明你认为侵犯版权的商品在网站上的位置。

（4）你的地址、电话号码和电子邮件地址。

（5）你必须声明：你坚信，他人在未经得版权所有者、代理人或者法律授权的前提下，使用并且侵犯了你的版权。

（6）你必须声明：你在这次投诉中提交的信息都是准确的，并且你是版权所有者或者你被授权代表版权持有者行事。"

我们所做的预防措施如下：

（1）不使用未经授权的知名图像。

我们在采购前要把好关，杜绝使用印有美国队长、日本卡通等知名图像的产品。

（2）不盗用他人的图片。

无论是外网的图片还是淘宝的图片都不能盗用，我们要使用自己拍摄的图片。

如果收到 Copyright Infringement 的通知，那么我们应该怎么办？

首先，我们先确认是否侵权。如果没有侵权，那么我们可以直接与亚马逊官方沟通，并提供证据。

如果不确定是否侵权，那么我们可以查清楚对方的商标专利情况，如果确实侵权，我们可以联系对方让其撤诉，并许诺赔偿，或者联系律师帮我们申诉。联系律师帮忙申诉胜算的概率比较大。下面是我们撰写的申诉邮件。

Dear Amazon seller support,

Thank you for your concerning of our account.

We have received your notification that our selling privilege has been removed because we have violated the Amazon Marketing Policy, and we are writing this letter to reply.

First of all, after checking over our Listings and finding out the problems, we are very sorry for our infringement action. We had removed the Listings（ASIN：××××××× ×××× ×××× ×××× etc.）and promise we won't sell it again on Amazon if we do not get the authorization.

Because the Game Pokemon are so hot around us recently, we thought it was a good product to sell. Moreover, we have glanced over Amazon and founded out that there were also many other accounts are selling the similar products, thus we thought that it's OK. However, what we didn't note is the most important one, the copyright issues. So when we received your notification, we learned about the Amazon Marketing Policy once again at once, and have realized that we have seriously violated the policy. We are very sorry that because our lacking thoroughly learning of Amazon Marketing Policy, we had severely violated the Marketing Policy. It's really a very severe mistake. We are very sorry for our behaviors, and sincerely apologize for what we have done.

In the future, We will:

(1) Before selling, we will check over our Listings seriously to ensure that we wouldn't make the same mistakes again.

(2) We will check over all the Listings in our account frequently according to your requirements. Ensuring that we will strictly obey the Marketing Policy.

(3) We would never sell other branded products unless we have gained the brand authorization.

(4) We promise that if we received any complaints or product issues, we will deal with them in the most suitable way in 24 hours. All the things we do, we insisted that we would put the customer's right at the first place.

(5) We will learn all the Marketing Policies once again, remember the rules. And if there is any selling problems, we would consult Amazon at once.

We are writing this letter to apologize for our fault and ask for a chance. We believe that Amazon would give this issue a serious consideration, but sincerely, we still hope for forgiveness and a chance, a chance for self-correction.

Please see attached documentation materials which you required in your last email.

Looking forward to receiving your reply.

Best Regards.